史家之绝唱

无韵之离骚

少年读史记故事

先秦之治

高金国　编著

北方联合出版传媒(集团)股份有限公司

万卷出版公司

ⓒ 高金国 2021

图书在版编目（CIP）数据

少年读史记故事.先秦之治 / 高金国编著. — 沈阳：
万卷出版公司，2021.1（2021.9重印）
ISBN 978-7-5470-5548-9

Ⅰ．①少… Ⅱ．①高… Ⅲ．①中国历史—古代史—纪
传体②《史记》- 少年读物 Ⅳ.①K204.2-49

中国版本图书馆CIP数据核字（2020）第245041号

出 品 人：王维良
出版发行：北方联合出版传媒（集团）股份有限公司
　　　　　万卷出版公司
　　　　　（地址：沈阳市和平区十一纬路25号　邮编：110003）
印 刷 者：辽宁新华印务有限公司
经 销 者：全国新华书店
幅面尺寸：145mm×210mm
字　　数：120千字
印　　张：6
出版时间：2021年1月第1版
印刷时间：2021年9月第4次印刷
责任编辑：齐丽丽
责任校对：张兰华
装帧设计：张　莹
ISBN 978-7-5470-5548-9
定　　价：28.00元
联系电话：024-23284090
传　　真：024-23284448

为什么要读《史记》？

两个为什么

现在，我要开始写这本书；而你，要开始读这本书。

我们面临一个共同的问题——

对我来说，是："我为什么要写这本书？"

对你来说，是："我为什么要读这本书？"

只要知道了你为什么要读这本书，也就知道了我为什么要写这本书，以及应该怎样写，应该突出什么、避免什么……

可以说，"你的问题"是解开"我的问题"的钥匙。

是啊，我们为什么要读《史记》呢？在我读过的所有书中，这本书的枯燥程度，大概仅次于《黄帝内经》了。

当然，我指的是还没入门的时候。一旦入了门，你就好像进入了一座宫殿，枯燥、干巴的句子，瞬间优美起来；还跟网上的"超链接"一样，能让你从这个句子联想到其他典故，大脑自动点击"链接"，就进入了另一个世界……

但要到那程度，估计你都上大学了。现在，《史记》对你来说，依然十分枯燥。书里提到的名人，不说上万，几千总有吧？就算专家，也未必能全记住。

我从哪里来

这么枯燥，我们干吗还看它呢？

因为，随着年龄的增长，你一定会问一个问题。

我是从哪里来的？

我是爹妈生的。

爹妈是从哪里来的？

爷爷奶奶、姥姥姥爷生的。

他们又是从哪里来的？

祖先繁衍的。

祖先又是从哪里来的？

——问到这里，你爸妈估计快崩溃了。

还好，他们想到了《史记》。

答案就在这本书里。

《史记》里寻根

《史记》的第一篇，叫《五帝本纪》，这里面讲的第一个人，就是我们共同的祖先之一——黄帝。

我们都是炎黄子孙，这个"炎黄"，指的是炎帝、黄帝，他们是黄河流域最早的两大部落首领；在炎黄的基础上，繁衍了华夏族；在华夏族的基础上，形成了中华民族。

为了说得清楚一点，我举个例子。

我姓高，山东人。山东古称齐鲁，齐、鲁是周朝的两个诸侯国，齐国第一任国君是姜太公。

通过研究史料，我发现高姓大多是姜太公的后裔。姜太公的子孙后代，主要姓姜和吕，也有其他分支——多达二十来个，其中就有"高"。

姜太公的后代为什么不全都姓姜，还分出那么多姓？

因为古人使用姓的时候，很不规范；有的根本就没姓，甚至连名都没有。其原因很简单：人少。

高姓，源自姜姓，而姜是炎帝的姓氏。所以，这一姓氏最初的源头，就是炎帝。

于是，通过看《史记》，结合其他史料，我知道我是从哪里来的了；对着小伙伴们炫耀一下，还是很有自豪感的。

祖先在哪里

我找到答案了。可是，你还没有。那么，看《史记》吧！一定要注意里面千奇百怪的姓名，说不定，就和你有关！

不过，还有个问题没解决。

万一别人说："中国十几亿人口，怎么偏偏你是炎帝（或者某位名人）的后代？"

一开始我也有这个困惑。后来，我想通了。

你听说过"填满棋盘64格大米"的故事吧？皇帝要感谢农夫，农夫说，把这个棋盘填满就行了。怎么填呢？第一格，放1粒大米；第二格，放2粒；第三格，放4粒；第4格，放8粒……总之下一格翻一倍，就行了。

皇帝一听，这简单！没想到，算到第64格，全国的大米都放进去，也不够……

人类的繁衍是同样的道理，一个生两个，两个生四个，四个生八个……只要环境能够承受、没有意外灾害，会呈"几何级数增长"。几千年前一个几十人的小姓，到现在发展成几千万人，很正常。

好了，现在，让我们一起开启《史记》的"探索之旅"吧！

■ 封邦建国，大幕徐徐拉开：周（周本纪）

有了他们，才有了华夏……五帝

五帝本纪

世界上有四大文明古国：古巴比伦、古埃及、古印度、中国。四大文明中，只有中国的文明没有出现中断，一直绵延不绝。这是为什么呢？让我们回到古代，寻找答案吧！

华夏起步：炎帝之后　黄帝崛起

带着问题读《史记》

1.黄帝比炎帝名气更大。可为什么"炎黄"一词，却把炎帝放在前面呢？

2.为什么黄帝有二十五个儿子，却只有十四个儿子有姓？

祖先是个很大的概念，如果一直往上追溯，黄帝也有自己的祖先。

但这种追溯，总要有个关键节点；在这个节点，一刀砍断，再往前的，就不考虑了。

《史记》选择的节点，是黄帝。

为什么偏偏是他？

◎ 弱而能言

"黄帝"是后来才有的称呼。他姓公孙，名轩辕（xuān yuán），是少典族的子孙。

轩辕一出生就不同凡响。

古代很重视繁育人口，人多力量大，打仗也好、打猎也好，人越多，越容易生存下去。

部落每年都生很多孩子，少典的孩子，起初大家也没太在意；可这个小孩，却吓了他们一跳。

轩辕出生的时候，十分神奇灵异，还在襁褓中，就会说话了。这让大家刮目相看。

> **画外音**：司马迁只用二十个字，就概括了黄帝的一生："生而神灵，弱而能言，幼而徇齐，长而敦敏，成而聪明。"

◎ 主动作为

轩辕成长的时候，天下的统治者，是炎帝神农氏。

他长大后，炎帝的势力开始衰落。面对天下诸侯，炎帝管理起来有些力不从心。

当领导的实力不行，下属就会捣乱。诸侯开始窝里斗，今天你打我，明天我报复你。

诸侯闹事、打架，苦的是黎民百姓。

属下闹事，当领导的炎帝，该管管呀！炎帝却"弗能征"——没有能力征讨！

轩辕看不下去了。

你不管，我来管！这时候，轩辕已经是比较强大的部落首领了。

他带着弟兄们，主动承担起了管理的职责，东征西讨。

> **画外音**：主动承担责任，敢于担当，是黄帝的第一个优秀品质。

◉ 越俎代庖

中国有个成语，叫越俎（zǔ）代庖（páo）。你老是替别人干活，万一别人失业了，弄不好会怨恨你。

这点，轩辕想到了。

所以，他侧重于打击那些"不来朝贡的诸侯"。

当时的天子是炎帝，所以，朝贡的对象是炎帝。

等于是说，轩辕专拣那些不听领导（炎帝）话的人打，等于是替领导分忧。

轩辕很懂做人的艺术。即便这样，还是出问题了。

一开始，效果很好，不听话的诸侯重新臣服于炎帝，只有蚩（chī）尤的部落，太过残暴，轩辕一直没有足够的力量去征讨。

> **画外音**：既承担责任，又避免让领导难堪，是黄帝的另一个优秀品质。换句话说，他很会做人——虽然炎帝不领他的情。

◉ 罅隙渐生

轩辕还是引起了炎帝的不安，两人渐生罅（xià）隙。对炎帝来说，在自己的一亩三分地里，出来一个能和自己抗衡的人物，不是什么好事儿。

但他没有选择直接攻打轩辕。

原因有两方面：

一是理由不正当。轩辕打的都是不来朝贡的诸侯，这很高明，既壮大了自己的实力，又师出有名。如此一来，炎帝打轩辕，就"师出无名"了：人家在帮你治理天下，你却打人家，合适吗？

二是实力。当时轩辕已经是比较大的部落首领了，直接打，炎帝也没把握。

那怎么办呢？好办，谁和轩辕关系好，就攻打谁！

这引起了很多诸侯的不满。

轩辕帮你治理天下，诸侯都顺服了，你作为领导者，却主动挑起事端，攻打诸侯，实在令人难以理解。

炎帝欺凌诸侯的严重后果，是"诸侯咸归轩辕"：这样的领导干吗还给他卖命？各路诸侯，都反叛炎帝，归顺轩辕了。

◎ 决战炎帝

轩辕的实力更加强大了。

俗话说"一山不容二虎"，一个天下不可能有两个天子；炎帝虽然实力减弱，名义上还是天下的统治者。他不允许有一个和自己平起平坐的首领存在。

轩辕也知道，两人早晚会撕破脸皮，于是，他进行了积极的准备。

他实施有利于百姓的政策；进一步整顿和训练军队；教育百姓顺应自然和天时的变化来种植农作物；安抚百姓，让远方的人也心甘情愿来归附。

他还组织人员训练各种猛兽，什么狗熊、老虎、豹子之类的，作为战斗时的"特殊兵种"。

决战，不可避免地到来了。

战斗的地点，叫"阪（bǎn）泉之野"。

具体交战过程不详，只知道打了三次仗，轩辕彻底打败了炎帝，取得了胜利。

◎ 生擒蚩尤

炎帝当首领的时候，蚩尤就不买账；现在炎帝倒台，轩辕成了新的首领，蚩尤自然更不服气。

炎帝做天子的时候，轩辕就曾想过攻打蚩尤，可惜实力不够；如今诸侯归附，对付蚩尤，已经不成问题了。

但轩辕是个很有头脑的人。他知道，即便是蚩尤很野蛮甚至是个坏人，攻打他的时候，也需要借口。

借口很容易找，就是蚩尤"不听从轩辕的命令"。

于是开打。

司马迁也是一句话，就说完了这场战争：轩辕和蚩尤在"涿（zhuō）鹿（地名）之野"，打了一仗，生擒蚩尤，将其杀死。

画外音：注重"师出有名"，是黄帝另一个值得学习的地方。这很符合当今的"法治精神"：不能因为一个人长得像坏人，就去惩罚他；只能是"因为他干了坏事，所以惩罚他"。

尊为黄帝

消灭了残暴的蚩尤，天下安定了。四方诸侯仰慕轩辕的功绩，把他尊为天子。轩辕正式取代了炎帝神农氏的地位，成了黄帝。

天下刚刚安定，还有许多事情要干，千头万绪。

黄帝十分勤勉。天下有不顺从的，他就去征讨；平定之后，不敢耽搁，马上离开，因为还有很多事情等着他。

那个年代，交通十分落后；征讨一个地方，要花很长时间，路上还要披荆斩棘、提防豺狼虎豹，十分辛苦。黄帝没日没夜地奔波，没过上一天安稳日子。

东边，他到过渤海，登上了泰山；西边，他到过崆峒（kōng tóng，地名），爬上了鸡头山；南边，他到过长江；北边，到过釜山（地名）。

黄帝可谓居无定所，跑遍了大半个中国。

姓氏问题

黄帝有二十五个儿子，得到姓的只有十四个。

黄帝不是姓公孙吗，为什么还要给儿子们赐姓？

那个时代——甚至很多年以后，中国人的姓氏，都没有严格的

规范。

姓、氏、名，都是代号、标签，目的是便于区分。人少的时候，有没有姓名无所谓；人口多了，儿子要分家，到外面自己统领一个部落，为了避免后代因为不认识而互相残杀，建立姓氏就很有必要了。

大家遇到，不认识；一聊天，居然同一个姓——那就意味着同一个祖先，有架也不打了，一致对外吧。

人多了，就要有自己的体系，所以分配不同的姓，用以区分。如果全国十四亿人民就那么几个姓，重名的会很多，容易引发混乱。

为什么只给十四个儿子赐姓呢？一种说法，是这十四个人德行比较高，黄帝比较欣赏，就把姓作为奖赏，赐给了他们。

当然，手心手背都是肉，没赐姓的儿子，未必就是黄帝不喜欢他们，关键还在于：那个时代，姓不姓的，大家都不太在乎。

即使到了后来的春秋时代，也没人在意这个。比如孔子，他不姓孔，他的父亲，叫叔梁纥（hé）。

叔梁纥也不姓"叔"，他们的祖先姓"子"。

古代有"女子称姓，男子称氏"的传统，所以孔子的祖先虽然姓"子"，族谱里却不标明自己的姓。到了孔子，规矩有了变化，"孔"本来是氏，被孔子当姓来用了。换句话说，这个家族姓孔，始于孔子。

所以，黄帝只给一部分儿子赐姓，一点儿都不奇怪；没赐姓的儿子，也不会太在意。

☺ 生生不息

黄帝的正妃（相当于后来的皇后或者王后），名字叫嫘（léi）祖。嫘祖生了两个儿子，其中一个叫昌意。

昌意不重要，重要的是昌意的儿子，名叫高阳；高阳后来继承了黄帝的位子，就是帝颛顼（zhuān xū）。

就是说，黄帝没让儿子做继承人，却选择了孙子颛顼。

此后的历史，似乎没发生什么值得记入史册的事情，只是让人眼花缭乱的帝王更替。

这些帝王的名字，至少有一半需要加拼音——太生僻了。

一代一代地繁衍，帝位一任一任地继承，终于，等到了一个我们熟悉的名字：尧。

历史从此进入了新的一章。

【原著精摘】

黄帝者，少典之子，姓公孙，名曰轩辕。生而神灵，弱而能言，幼而徇齐，长而敦敏，成而聪明。

【译文】

黄帝，是少典族的子孙，姓公孙，名叫轩辕。他一生下来，就神奇灵异。在襁褓中，就能开口说话了；幼小的时候，聪明伶俐；长大之后，诚实勤敏；成年之后，睿智通达，明辨是非。

顺天地之纪①，幽明之占②，死生之说，存亡之难③。时播百谷草木，淳化④鸟兽虫蛾，旁罗⑤日月星辰水波土石金玉，劳勤心力耳目，节用⑥水火材物。有土德之瑞，故号黄帝。

【注释】

①顺天地之纪：顺应天地阴阳四时变化的规律。纪，在此处指时令规律。

②幽明之占：关于阴阳变化的预测。占，占卜，预测。

③死生之说，存亡之难："说"与"难"在此处指学说、理论。这句话的意思是说，黄帝明白死和生的道理，懂得安与危的理论。

④淳化：驯化。

⑤旁罗：广泛地罗列、观察。

⑥节用：有节制地利用。

【译文】

（黄帝）顺应天地四季的规律，预测阴阳的变化，创制养生送死的礼仪制度，考察生死存亡的道理。他（带领百姓）按照季节时令播种谷物草木，驯养鸟兽蚕蛾，广泛地测定日月星辰的变化，研究水流、土石、金玉的性能。他勤于思考，善于观察、倾听，让人们有节制地使用山林川泽的物产。他做天子，出现了"土德"的瑞兆，土为黄色，所以称为黄帝。

尧的禅让：一人之痛　天下之幸

带着问题读《史记》

大臣推荐继承人，提出了两个人选——丹朱和共工，都被尧一口否决了。那么问题来了：

1. 尧是不是很武断？

2. 丹朱是尧的儿子，不让儿子继承帝位，尧是不是很冷酷？

◎ 尧帝识人

尧的本名叫放勋，接任天子之位后，他睿智勤勉、功绩卓著，深受百姓拥戴，手下的诸侯十分团结。

他一干就是七十年。年纪渐渐大了，他一直留意天下英才，为自己寻找接班人。

有一天，尧又说起了这个话题："大家都说说吧，谁能协助我来治理天下？"

大臣们都明白尧的意思，这是给自己寻找继承人呢。继承人现成的就有一个——尧的儿子，丹朱。

帝位传给儿子，当然是最合适不过的。一位大臣便说："您的儿子丹朱，通达明理，自然是不二人选。"

尧摇摇头："丹朱嘛，生性顽劣，好勇斗狠，不能用。"

一个叫骧（huān）兜的大臣说："我觉得共工可以。他很敬业，做了很多事情，也有成绩。"

尧摇摇头："共工这个人，巧言善辩，内心却不善；看似对人恭敬，却连老天爷都敢欺瞒。这样的人，岂可重用？"

他说得很严肃，大家都不说话了，帝位继承人的话题只好先放在一边。尧又提出了一个具体的问题："现在天下洪水泛滥，谁去治理合适？"

大臣们推荐了鲧（gǔn）。

这个名字你可能挺陌生，他有个儿子名气却很大，就是禹。

没想到尧还是摇摇头："鲧啊，不服从命令，而且喜欢和同族的人自相残杀。让他去治水，不行。"

可是，实在找不出更合适的人选来了。大臣们说："让他去试试吧，不行再说。"

尧只好答应，派鲧去治水。结果证明，尧的担心很有道理：整整九年时间，鲧一点成绩也没有。

尧看人很准。

他觉得儿子丹朱不行，事实证明，他果真不行。尧后来把位子让给了舜，舜觉得很不安，认为还是让丹朱干比较好；为了让位给丹朱，他逃避到了南方。

可是，诸侯们却不买丹朱的账，他们不去朝拜丹朱，而去朝拜舜；丹朱在民间也没有威信，老百姓打官司或者歌颂功德，都找舜，没有人去找丹朱。

时间一长，舜觉得自己继承帝位是天意，便做了天子。

尧觉得共工不行，共工后来也出了问题，这是后话。

画外音：俗话说，知人知面不知心，认准一个人是很困难的。尧之所以看人一看一个准，应该和他长期执政、阅历丰富有关。

◎ 眼见为实

身边的人，没有适合继承帝位的。尧要求大臣们放开思路，推举贤才。

几个诸侯领袖同时想到了一个平民——舜。

尧点点头。舜的名字，他听说过，但了解不多。"舜这个人，到底怎么样？"

大臣向尧介绍了舜的基本情况。

舜，未婚，平民。父亲是盲人，心地不怎么善良；母亲也一般，说话不利索；有个弟弟，倨（jù）傲无礼。

换了一般人，在这样的特殊家庭中，恐怕早就一团糟了。舜作为家里的"顶梁柱"，却奇迹般地把家庭弄得很和睦，可见很有水平。

尧说："我来试他一试吧！"

于是尧把自己的两个女儿嫁给了舜。一是借此考察舜的管理水平，二是两个女儿也可以充当他的眼线。

考察的结果，让尧对舜刮目相看。两个女儿贵为天子之女，舜却能够让她们心甘情愿地屈尊住在穷乡僻壤，一切都合乎妇人之道。

尧很满意，进一步给舜安排了一些事务，舜都处理得井井有条，远道而来的诸侯都对其肃然起敬。尧派舜进入原始森林，在暴风雨中执行任务，他能不迷失方向。尧不由得赞叹：真是个奇人哪！

画外音：眼见为实，耳听为虚；甚至有时候，"眼见"的都不一定"为实"。所以，真正认识一个人，必须通过一些事情考验，才能得出结论。

尧看人准，还有一个原因是他不轻信别人的话，而是用做事情去考察他们。

◉ 一人之痛，天下之幸

从内心而言，尧还是爱儿子丹朱的。在决定把帝位传给舜之前，他曾做过很长时间的思想斗争，最终还是下定决心：帝位禅让给舜！

做出这一重大决定时，尧说了这样一段话：

"把帝位传给舜，全天下都能得到好处，只有丹朱一个人痛苦；把帝位传给丹朱，只有丹朱一个人得到好处，全天下都会痛苦。我总不能拿全天下人的痛苦，去换一个人的幸福吧！"

以一人之痛，换天下之幸，这就是尧的境界。

【原著精摘】

尧知子丹朱之不肖，不足授天下，于是乃权授舜。授舜，则天下得其利而丹朱病；授丹朱，则天下病而丹朱得其利。尧曰："终不以天下之病而利一人。"而卒授舜以天下。尧崩，三年之丧毕，舜让辟丹朱于南河之南。诸侯朝觐者不之丹朱而之舜，狱讼者不之丹朱而之舜，讴歌者不讴歌丹朱而讴歌舜。舜曰："天也夫！"而后之中国①践天子位焉，是为帝舜。

【注释】

①中国：此处意指国都。

【译文】

尧知道儿子丹朱不成器，不能把帝位传给他，因此禅让给了舜。帝位给舜，天下人能得到好处，只有丹朱痛苦；帝位给丹朱，则是天下人痛苦，只有丹朱一人得利。尧说："让天下受害，而让一个人得利，我无论如何做不到！"最终把帝位传给了舜。尧去世后，舜服丧三年期满，为了把帝位让给丹朱，躲到了南河南岸。但前来朝见天子的诸侯不去找丹朱，都到舜这里来；有纷争的也不去找丹朱，而是找舜调解；歌颂功德的不歌颂丹朱，而是歌颂舜。舜说："这是天意啊！"于是回到都城，登上天子之位。这就是舜帝。

舜的境界：父亲加害　为之奈何

带着问题读《史记》

别人要杀死他，他一味退让。舜是个很软弱的人吗？

✿ 家庭不幸

舜的本名，叫重华。他的父亲大概没有名字，人们称其为"瞽叟"（gǔ sǒu）。瞽，就是双目失明的人；叟，是老头的意思。

论起来，舜也是黄帝的子孙，从他往上数六代，就是帝颛顼；上溯八代，就是黄帝。但他的祖先，从帝颛顼之后，身份就变得卑微，成为平民了。

舜有一个弟弟，名字有点奇怪，叫"象"。兄弟俩不是一个母亲。舜的母亲去世之后，瞽叟又娶了个老婆，俗称续弦。这个老婆自然成了舜的继母。

继母给瞽叟生了一个儿子，就是象。

瞽叟对象十分宠爱。在两口子的宠爱下，象变得十分狂傲、骄纵。

瞽叟也是个奇怪的人，宠爱后妻的儿子，倒也无可厚非；可他居然因为喜爱象，就想杀死舜，实在有点不可理喻。

不受父亲喜爱的舜，保持了足够的机警和理智。每一次，发现了来自父亲的危险，他都能化险为夷。如果自己有小的过失，他就从容接受父亲的惩罚、顺从父亲的态度，避免矛盾激化；并尽自己最大的努力和继母、弟弟友好相处，不敢有丝毫懈怠。

◎ 迎娶帝女

舜的德行，舜的能力，迅速在邻里、部落之间流传开来，甚至传到了天子尧的耳朵里。

听说平民中有这么一个厉害的人物，尧决定把两个女儿嫁给他，考察一番。这些咱们前面讲过了，考察结果，出乎尧的预料。

舜越来越受到百姓的推崇，他的德行感染了很多人，大家都愿意追随舜。一年之后，他住的地方就成了村落；两年之后，成了城镇；三年之后，成了城市。

尧很高兴，赐给舜礼品和牛羊，还让人给他建仓库，算是嘉奖。

这时候的舜，成了家，立了业，一切都在向美好的方向发展。

然而，危险却不期而至。

画外音：中国有句古话，"小不忍则乱大谋"。舜那个年代，单独的个人很难在自然界生存，必须依靠集体的力量。只有确保家庭完整、部落团结，才能战胜豺狼虎豹、与大自然抗衡。

父亲企图杀死自己，如果自己因此和父亲闹僵，结果就是鱼死网破、家庭破碎。而这样的家庭，在充满各种不可预知风险的部落社会，是极其危险的。

◎ 死亡陷阱

虽然有了名气，但舜从来不敢以名人自居，干活都是亲力亲为。何况，父亲瞽叟和继母对他依然处处刁难，他不能不格外谨慎小心。

有一天，瞽叟说："家里需要一口井，你去挖井吧。"

舜二话不说，拿起工具，就干活去了。

瞽叟和象看着他的背影，冷笑着。

估摸时间差不多了，父子俩来到舜挖井的地方。地面上，有一大堆挖井挖出的土。两人合力把土推入井中，打算将正在井下干活的舜活埋。

何其阴毒！

杀人计划进行得很顺利。井被填实，舜被掩埋，肯定死了。

不知天高地厚的象，土还没踩实，就开始分配"战果"，生怕被别人抢走：

"今天这事儿我是主谋，本来舜死了，战利品应该全是我的；看在你帮忙的分上，也分给你一份吧！"

他嘴里的"你"，是瞽叟——也就是自己的父亲。杀了父亲的儿子、自己的哥哥，还怕父亲抢功，真是荒唐得可以。

这还没完，他接着说："舜的两个妻子（也就是尧的两个女儿）和琴，都归我了！牛羊和仓库，给你们。"

然后，象径直走进舜的卧室，看到舜的琴，弹了起来。

这琴声，大概不会很悠扬，而且戛然而止。象弹琴的手停在了半空，愣在了那里；因为一个人推开门，走了进来。

是舜。

"你没有死？"象这句话大概到了嘴边，却没说出口，只说了一句："哦，我正想你想得厉害呢！"

舜说："真这样的话，你会成为一个好人。"

◉ 绝境逃生

原来，舜挖井的时候，早就想到了可能存在的风险，因为人一旦到了井下，就等于把生命交给了别人。为了安全起见，在挖井的时候，他在侧面挖了逃生坑洞，果然起到了作用。

这已经不是舜第一次面临险境了。

还有一次，瞽叟让舜爬到仓库顶上修理仓廪（lǐn）。舜在上面忙着，瞽叟在下面放火，想烧死舜。舜用两个斗笠护住身体，从仓库上跳下来，侥幸逃生。

亲爹和弟弟如此对待自己，要是一般人，早就崩溃了。然而舜就是舜，非同寻常。家人如此对待，他依然孝顺瞽叟、亲近弟弟。

舜的胸怀，真不是一般博大。即便继承帝位后，他拜见父亲，

依然恭恭敬敬，一点也不敢大意。不成器的弟弟象，还被封为诸侯。

舜当了三十九年天子。他的儿子，名叫商均，和尧的儿子丹朱一样，也不成器。舜便把帝位禅让给了禹。

画外音：舜能绝境逃生，给我们许多启示。一个人进入险境之前，一定要先找好退路。

读到此处，我们还会有"瞽叟坏到变态、舜忍耐到变态"的感慨。舜的胸怀，的确相当宽广，要不然也不会成为和尧并肩的帝王；而瞽叟对他的谋杀、虐待，又何尝不是一种磨炼呢？

【原著精摘】

舜耕历山，渔雷泽①，陶②河滨，作什器于寿丘，就时于负夏。舜父瞽叟顽，母嚚（yín），弟象傲，皆欲杀舜。舜顺适③不失子道，兄弟孝慈。欲杀，不可得；即求，尝在侧。

【注释】

①雷泽：水泽的名称。

②陶：制作陶器。

③顺适：顺从。

【译文】

舜在历山耕过田，在雷泽捕过鱼，在黄河边烧制过陶器，在寿丘做过各种生活用具，又在负夏做过生意。舜的父亲瞽叟不讲道德，母亲愚蠢顽固、爱说坏话，弟弟象骄纵凶恶，他们都想杀死舜。舜顺从父母、坚守孝道，友善对待兄弟。父母想要杀他，却总是办不到；如果有事找他，他会及时出现在父母身边。

第一个真正的朝代：夏

夏本纪

有两个朝代，在中国历史上深深地刻下自己的印记。一个是夏朝，因为它，所以有了『华夏』这个称呼；一个是汉朝，因为它的强盛，世人把这个民族称为『汉族』。

大禹治水：过门而不入　劳身划九州

带着问题读《史记》

单从辈分看，舜见了禹，应该喊他什么？

◎ 重任在肩

当年，大臣们推举鲧治理水患，鲧干了九年，没有什么成绩，百姓依然深受水患之害；天子舜很不高兴，把鲧流放到了羽山。后来鲧死在了那里。

人处理了，可水还得治啊！天下能治水的人才不多，这也是尧当年明知道鲧爱违抗命令、摧残同类，却同意"让他试一下"的原因。

舜思来想去，决定起用鲧的儿子——大禹。

大禹，就是夏禹，本名叫文命。从族谱而论，他和当今天子舜是同一谱系，都是黄帝的后代，都出于黄帝的孙子——帝颛顼这一脉。

大禹是帝颛顼的孙子，舜则是帝颛顼孙辈的玄孙，即六世孙。

换句话说，论辈分，舜是大禹的后辈。当然，毕竟隔了很多辈，亲戚关系早就论不上了。出现这种辈分差距，只能说明舜的祖辈，人丁更兴旺而已。

把治水这样的大事托付给禹，舜是有理由的。

禹可谓一表人才，气度不凡。他诚实厚道，仁爱可亲。很多人强调"心灵美"，就忽视了外表，禹不是这样。

就算说话这种小事儿，禹也很注意，声音的高低、快慢，很有节奏感，甚至符合韵律；从走路步态到一举一动，都稳重大方，彬彬有礼，有种领袖气质。

大禹娶了涂山氏的女儿为妻。他在辛日结婚，接到舜的命令之后，甲日（古人用天干地支计算日期，辛日、甲日都是计算日期的方法）就出发治水了。

从辛日到甲日，只间隔了四天。

因为他知道自己的使命，因为他知道水火无情。这一去，就是十三年（一说为八年）。

十三年间，他走遍了天下的山山水水，几次路过家门口，却"过家门而不入"。

水患不治，不还家！

◎ 堵不如疏

十三年间，除了挂念家人，还有一个人的影子，总是萦绕在禹的心头。

那就是自己的父亲，鲧。

尧对鲧的评价很低，说他"喜欢违抗命令、残杀同类"，是个很暴虐的人。

或许这是真的。但无论如何，他都是自己的父亲啊！

一方面，他伤感于父亲的流放和死亡；另一方面，他也为父亲治水九年无功而羞愧。

报答父亲的最好办法，就是把水治好，让天下太平、百姓安居。

他对父亲治水的方法进行了总结分析，得出结论：水，循环往复，堵是堵不住的，唯一的办法，是疏导，小河流入大河，大河流入江海湖泊；因势利导，治水才有成效。

思路明确了，大禹带着自己的手下，开始了长途跋涉。

说起来容易做起来难。疏导，听上去很简单，让水往低处流，不就行了吗？

问题是，中国这么大，那个年代，别说地图了，人们恐怕连大河最终流到哪里都不清楚，连中国地势西高东低都不了解！

盖高楼，必须先打好地基；要治水，必须先了解天下的山川形势。所以大禹的第一步，就是测量高山大川，了解天下地理形势。

在这个过程中，他捎带着做出了一个伟大的副产品：把天下划分为九州。

中国古称九州，就是从这里来的。

🔘 化敌为友

尧把帝位禅让给了舜，舜把帝位禅让给了禹；而禹，却把帝位传给了儿子，建立了世袭制的夏朝——"天下人的天下"，从此成了"家天下"（一家人的天下）。

因为这一点，很多人对禹有看法，觉得他有私心；也让历史在对"尧、舜、禹"三帝进行评价时，往往把他放在最后。

其实，禹对后世的深远影响，在很多方面已经超过了尧、舜。

比如，将天下划分为九州之后，九个州可以根据自己不同的地理条件，上交不同的物品作为贡赋。

这是税收的雏形，也算是中国最早的税收制度。有了税收，才会建立"国家机器"，"国家"这个概念，才算正式出现。

所以，只有划分了九州、确定了贡赋，"夏"才有可能作为一个国家出现。在这之前的炎帝、黄帝、尧、舜、禹，严格意义上讲，都只是部落联盟首领。

再比如，禹创造性地发展了治水的思想，让中国有了"水库"的雏形。

禹治水的原则，是疏导。但他同时明白一个道理：水灾的时候，水是你的敌人；旱灾的时候，水就是你的朋友。

关键是如何"化敌为友"。

其实这不难办，只要了解了山川的形势，把水引导到低洼处，储存起来，就可以了。

禹带领百姓，划分九州，修通了九州的道路，顺便"陂（bēi）九泽"——也就是在九州的湖泊沼泽储水，以备旱灾。

这种水泽，当然不能称为水库；但至少说明大禹时代，人们就有了储备水源、防备旱灾的概念。

大禹还因势利导，教导百姓不要"一根筋"：以前这里是旱地，种粟（小米）可以；现在都涝成这样了，你还是执着地种粟，岂不是要饿死吗？

既然旱田变成了水田，那还是种稻子吧！

种粟的时候，水泽是农民的敌人；种水稻的时候，水泽就成了农民的朋友。

这也是大禹治水成功的秘诀：别人把水看成敌人，他把水当作朋友。所以，他成功了。

画外音：水没有思想，只有规律——水往低处流。你阻碍它，它就一直与你为敌；你疏导它，它就变得温顺、可以利用。

禹的治水，又何尝不是给我们上了一堂人生哲学课呢？

【原著精摘】

禹为人敏给克勤①；其德不违，其仁可亲，其言可信；声为律，身为度，称以出；亹（wěi）亹穆穆②，为纲为纪。

【注释】

①敏给克勤：敏捷勤奋。
②亹亹穆穆：亹亹，努力不懈的样子。穆穆，严肃谨慎的样子。

【译文】

禹为人聪敏机智，吃苦耐劳；他遵守道德，仁爱可亲，说话诚实；声音的高下快慢，合乎音律，行为规矩，进退屈伸合乎法度，一举一动，都能适宜事理；他勤勉庄重，以身作则，堪称百官的典范。

子承父位：天下之天下 终成家天下

带着问题读《史记》

禹也是想禅让的，为什么没有成功呢？

◉ 禅让规则

很多人理解的"禅让"，就是帝王把位子让给儿子之外的贤人，别人接受帝位就行了。

其实没这么简单。禅让之后，还有一个不成文的规矩，要走一道例行程序。

这道程序，叫作谦让。

天子没有私心，被礼让的人也不能接受得那么心安理得。他要主动提出来，劝帝王让儿子继承帝位；而且，要为此"避走"一段时间。

"避走"的过程，也是诸侯对天子进行选择的过程。诸侯觉得谁更有威信、更有能力，就去朝拜谁，冷落另一个。慢慢地，被众多诸侯朝拜、推崇的那位，就成了新的天子。

尧禅让给舜的时候，舜避开了尧的儿子丹朱，但诸侯们不去

朝拜丹朱，而去朝拜舜；舜后来把帝位禅让给禹，禹也避开了舜的儿子商均，隐居于阳城，但天下的诸侯还是来朝拜禹。

禹于是顺应天意，成为天子，将国号定为夏后，即夏朝。

◎ 知人安民

大禹做天子之后，并没有让儿子继承帝位的打算，而是放眼天下，寻找最合适的人才。

皋陶，是大禹的第一选择。

皋陶可是个老臣了，很早之前，他就做了大理卿（官名）。治理天下，他很有心得。有一次和舜、禹在一块儿谈论问题的时候，他提出治理天下的两个关键点——"知人"与"安民"。

所谓"知人"，就是知人善任，任用贤能，让他们来协助天子治理天下；所谓"安民"，就是对人民仁爱，能安抚百姓，让人民安居乐业。

在那个年代，能有如此精辟的见解，是很不容易的。

可惜的是，皋陶年岁已高，还没等到禅位，就去世了。

无奈，大禹把目光放到了伯益身上，放权给伯益，让他辅佐自己管理政事，为接班做准备。

后来，禹在巡视东方的时候，不幸去世。去世之前，他把帝位传给了伯益。

伯益按照禅让的规矩，主动避走，把天下让给禹的儿子启，自己到箕（jī）山隐居去了。

这个时候，选择权又交给了天下的诸侯。伯益贤德，诸侯就会去朝拜伯益；启贤德，诸侯就会去朝拜启。

很遗憾，这一次，诸侯没有按照原先的路子来，没有去朝拜隐居的伯益，而是朝拜大禹的儿子启。

因为启名声很好，品德高尚，在诸侯中间很有威望。诸侯们选择他，也算众望所归。

隐居起来的伯益或许会有点落寞吧。这并不是因为他能力不行，而是禹提拔他比较晚，他辅佐天子的时间不长，诸侯们还不了解他，没有享受到他执政带来的恩泽。最终，他们选择了大禹的儿子。

启于是继承帝位，成了夏朝第二任天子。

画外音：在古代，如果皇帝突然去世，没来得及指定继承人，大臣们就会推举和皇帝有血缘关系的人继位。

新皇帝登基时，要走一遍"三劝三让"的程序，就是大臣们劝他登基，他推辞；再劝，再推辞；如是三次，才算走完。

看上去有点形式主义，但这正是礼仪之邦文化传承的表现。这种"三劝三让"，最早的源头，就是尧、舜的禅让。

◎ 继位谜团

启虽然继承了帝位，但并不是特别顺利。是否真如史料上所说，启是因为诸侯都愿意归附他而继承帝位，也令人怀疑。

毕竟，大禹去世之前，两次指定接班人，都没有选择启，而是选择了皋陶和伯益。

而且，启登上帝位之后，就有诸侯不服，起来反抗他的统治。这个诸侯，叫有扈（hù）氏。

启组织军队，和有扈氏在一个叫"甘"的地方大战一场，最终灭掉了有扈氏。

这至少说明，虽然启得到了诸侯的拥护，但只是一部分或者一大部分，反对的声音还是存在的。启并没有像舜和禹那样，做到"众望所归、天下咸服"。

从启开始，天下从"天下人的天下"变成了"一家人的天下"，禅让制被抛弃，帝位继承，始终在父子、兄弟之间展开。

启死后，传位给儿子太康；太康死后，弟弟仲康继位；仲康死后，传给了儿子相……

天子之位，就这么一代一代地传承着。中间虽然出过这样那样的问题，但政权并没有遭遇大的威胁。直到帝位传给孔甲，因为孔甲荒淫无道，夏朝进入拐点，开始走下坡路了——一多半的诸侯，都背叛了夏。

孔甲之后，又传了三代，也就是孔甲的曾孙继承帝位的时候，夏朝终于走到了尽头。

他的曾孙，名叫桀（jié），一个历史上与商纣齐名的暴君。

此时，首领名叫汤的商部落开始崛起。汤修德勤政，诸侯都归附于他。时机成熟之后，汤带兵讨伐夏桀，桀不敌而败走，最终被流放而死。

汤登上了天子之位，中国从此有了一个新的名字：商朝。

【原著精摘】

皋陶作士以理民。帝舜朝，禹、伯夷、皋陶相与语帝前。皋陶述其谋曰："信其道德，谋明辅和。"禹曰："然，如何？"皋陶曰："於！慎其身修，思长，敦序九族，众明高翼，近可远在已。"禹拜美言，曰："然。"皋陶曰："於！在知人，在安民。"

【译文】

皋陶担任司法官治理民众。舜帝上朝，禹、伯夷、皋陶一块儿在舜帝面前交谈。皋陶陈述他的谋略说："如果人君保有道德，就可以使谋略成功、臣下团结了。"禹说："是的，但应该怎样做呢？"皋陶说："噢！要谨慎地加强自身修养，要有长远打算，厚待同族的人使其稳定有序，这样，众多贤明的人就会努力辅佐你，由近处可以推及远处，道理就在这里了。"禹拜谢皋陶的高见，说："对。"皋陶说："啊！成就大事，关键在于知人善任，在于安抚民众。"

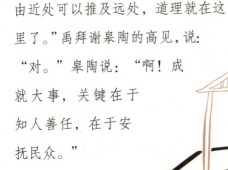

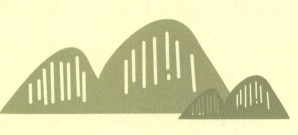

波动的青春期：殷商

殷本纪

周重视农业，商朝人则喜欢流动、喜欢贸易，以致后来人们干脆用『商人』来指代做买卖的人。我们可以看到的文字记载，最早就源于商朝。商既是文字的萌芽期，也是华夏文明的青春期、波动期。

汤灭夏桀：勿竭泽而渔　请爱惜民力

带着问题读《史记》

　　传说商朝的祖先，是一个帝王的妃子吃了鸟蛋之后生的，这可信吗？反映了什么？

◎ 商的源头

　　无论是尧、舜、禹，还是夏、商、周三代，都和黄帝有着千丝万缕的关系。他们中间，有的是黄帝的直系后代，有的是黄帝或者黄帝后裔的妃子所生。

　　黄帝生了两个儿子，一个叫玄嚣（xiāo），一个叫昌意。

　　这两个儿子都没继承帝位，先后继承帝位的，是黄帝的孙子和曾孙。

　　第一个继承帝位的，叫颛顼，他是昌意的儿子、黄帝的孙子。

　　颛顼死后，玄嚣的孙子，即黄帝的曾孙继承了帝位，他就是帝喾（kù）。

　　后世的帝王直至夏、商、周三代，都是颛顼和帝喾（以及其后妃）的后人。

尧，是帝喾的儿子。

舜，是颛顼的后代。

禹，是颛顼的孙子；夏朝的帝王，都是颛顼的后人。

商的先祖名叫契，为帝喾的第二个妃子所生，但父亲不是帝喾；传说这个妃子吃了个鸟蛋，就怀孕了。

周的先祖名叫弃，帝喾的正妃所生。和商一样，弃的父亲也不是帝喾。

商、周先祖的这种情况，历史上很常见，历史学家把这种现象称作"知其母而不知其父"，反映了商、周的先祖，还有很深的母系氏族社会的痕迹。

✿ 孔子祖先

商的先祖叫契，姓"子"。商灭亡后，契的后代——微子，被封到了宋，这就是宋国；微子的后人又有一支迁移到了鲁国，后代中出了一个伟大的人物——孔子。

所以，孔子的本姓，也是"子"。

商先祖契的母亲，名叫简狄，是帝喾的第二个妃子。有一天，她和另外两个女子到河边洗澡，忽然看到一只黑色的鸟，下了一个蛋。

简狄把这个蛋捡起来吃了，没想到就怀了孕，生了契。

这个传说，显然是后人伪造的。

但契不是帝喾的亲儿子，却是可能的。因为那个时代，依然没有摆脱母系氏族社会的影响，甚至婚姻关系都不固定，存在着"群婚"现象。

后来发展到父系社会，男权成了主流，对此就有点看不惯了。

为了让自己面子上好看，所以编造了一些传说，一方面是为了证明自己的先祖出身很神奇，另一方面也是为这个"来历不明的孩子"遮羞。

契是个很有能力的人，曾经帮助大禹治水。帝舜很赏识他，赐他姓"子"，把他封在了一个叫"商"的地方。

这就是"商"这个朝代名字的来历。

◉ 解网施仁

契的时候，商是夏统治之下的诸侯；真正让商占有天下的，是汤武王。我们也叫他商汤或者成汤。

汤推行王道，任用伊尹等贤臣，征讨无道的诸侯，实力逐步壮大。

汤贵为诸侯，却是个心地善良的人，甚至可以说是历史上最早的"环保主义者"。

有一天，汤外出巡视，看到野外有人张网捕猎。

那个时代，张网捕猎是不犯法的，很多人以此为生。所以，正常情况下，汤也不会去管。

但这一次，他非管不可了。

因为捕猎人很过分。他用的是"四面网"，即四个方向都被堵上了。

野兔之类的小兽，一旦进入了这样的"包围圈"，几乎没有逃生的可能；即便用来捕鸟，鸟儿们逃跑的概率也很低。

捕猎人还念念有词，向上天祷告："愿天下四方，都到我网里来！"

汤不高兴了，你这不是竭泽而渔吗？

汤于是说道："啊，太过分了！你这是要一网打尽吗？"

说罢，命令那个猎人，撤去三面的网，只留下一面，同时向上天祷告："想往左去的，就向左跑；想往右的，就往右跑；那些不听命令又没有主张的，就到网里去好了！"

诸侯听说此事，大为赞叹："汤的德行真是伟大啊，对待禽兽都这么仁慈！"

画外音：汤的时代，当然不可能知道"可持续发展"这个词。但在古代，我国的劳动人民出于自身的朴素考虑，还是很注意"可持续发展"的，比如不捕猎怀孕的兽，渔网的孔不能过小，等等。

人类终究还是靠大自然来养活的，即便从自身的利益来考虑，也要避免"一网打尽、不留后路"的做法。汤可谓是这种思想的先驱者。

◎ 汤灭夏桀

商朝是我国第一个有文字记录的朝代，相比此前的夏和五帝时代，很多内容更加准确、可信。

讨伐夏朝最后一个暴君桀的时候，汤在战前做了宣誓，发表了讲话。他的讲话被记录下来，这就是《汤誓》。

在文章中，汤历数了夏桀的罪恶，比如荒淫无道，大肆劳役人民，伤害夏朝国力，百姓不堪重负；同时号召广大诸侯，共同起兵，讨伐夏桀。

"我非常勇武，你们叫我武王好了！"在《汤誓》中，汤还给自己定下了封号。

夏桀在战斗中失败，逃亡鸣条（地名），夏军彻底溃败。汤从此拥有天下，登基称帝。

汤死后，帝位传给了儿子太丁（此处《史记》认为太丁作为太子，未登基便去世了，后来的甲骨文资料证明，这一说法是错误的）；太丁死后，传给了弟弟外丙；外丙死后，传给了弟弟中壬。

这和夏朝有所不同。多数情况下，夏朝是父亲死了儿子登基；商前期，基本上是哥哥死了兄弟登基。帝位轮流坐，明年到我家；等到最小的弟弟去世之后，再把帝位传给大哥的儿子，如此循环往复。

太丁、外丙、中壬哥儿仨都死了之后，主持政务的大臣伊尹，又立太丁的儿子太甲为帝。

所以，太甲虽是商朝的第五任帝王，但辈分依然和商汤只隔了两代：他是商汤的嫡长孙。

汤的儿子、孙子们，名字怎么都这么奇怪？什么"丁""丙""壬""甲"的……全是天干地支里的呀！

历史上这种情况，还是经常出现的。比如明朝的开国皇帝朱元璋，原名叫朱重八，"重八"就是88，叫这个名字，可能是因为爹妈生他的时候，两人年龄相加等于八八；他爹叫朱五四，他爷爷叫朱初一。是不是很有趣？

为什么出现这种情况？朱重八出生在元朝，少数民族统治，普通老百姓如果没上学也没当官，不许随便取名，只能用自己的生日或者父母年龄相加后的数字作为名字。

这说明，元朝人对名字是不怎么重视的。

商朝更是如此。帝王生了儿子，儿子很重要，但名字不重要；根据天干地支，随便取个就行。

◉ 知错就改

太甲称帝时，伊尹已经辅佐了五任帝王，年纪也大了。

不过，太甲却不怎么出息。他大概觉得，父亲（太丁）去世后，没把帝位传给自己，却传给了叔叔，内心不满；帝位在叔叔中间传来传去，貌似没自己什么事儿，于是放松了对自己的要求，比较放纵。

没想到，老臣伊尹倒是挺公平，帝位在叔叔们中间传完之后，在他的主持下，又回到了商汤的"长子长孙"——太甲手里。

对此，应该感激才对。

太甲却不这么想，反倒更加放纵自己，十分暴虐，昏庸无道。伊尹很生气。

作为"五朝元老"，他大权在握；既然可以立你，自然也可以废你。但他还是决定，最后再努力一把，看看事情还能不能挽回。

伊尹将太甲的帝位暂时废除，将其放逐到桐宫（地名），自己代理国政。

他和太甲说得很明白：给你三年时间，认真学习、读书，好好反省自己的作为，如果能够深刻反省，三年之后继续做你的

帝王；如果执迷不悟，那就难说了。

太甲不是那种从根子上就坏的人，三年的"冷宫"生涯，让他幡然醒悟，懊悔不已。

伊尹也没有食言，三年之后，将政权还给了太甲。

【原著精摘】

帝太甲既立三年，不明，暴虐，不遵汤法，乱德，于是伊尹放之于桐宫①。三年，伊尹摄行政当国，以朝诸侯。

帝太甲居桐宫三年，悔过自责，反善②，于是伊尹乃迎帝太甲而授之政。帝太甲修德，诸侯咸归殷，百姓以宁。伊尹嘉之，乃作《太甲训》三篇，褒帝太甲，称太宗。

【注释】

①桐宫：离宫（帝王在都城之外的宫殿）的名字，在今河南省境内。

②反善：返归于善。

【译文】

太甲帝临政三年，昏乱暴虐，违背了汤的法度，败坏道德，因此，伊尹把他流放到了桐宫。此后三年，伊尹代理政务，朝会诸侯。

太甲在桐宫住了三年，悔过自责，重新向善，于是伊尹又迎他回来，把政权交还给他。从此以后，太甲修养道德，诸侯都来归服，百姓得以安宁。伊尹嘉勉太甲，就作了《太甲训》三篇，褒奖太甲帝，称其为太宗。

盘庚迁都：汤武发家地 大商中兴时

带着问题读《史记》

商朝有个帝王，居然被雷劈死了，他是谁？

◎ 兴衰交替

伊尹辅佐商朝帝王，一共辅佐了六任、四代，从商汤开始，一直辅佐到太甲的儿子沃丁。

就在沃丁的朝代，长寿而睿智的伊尹，终于去世了。六任帝王有了他的辅佐，商朝基本保持了稳定。

在他去世后的若干年间，商朝政权开始起起伏伏，时而中兴、时而衰落。

自伊尹去世到盘庚登基之前，殷商先后三次衰落、两次复兴，兴衰交替频繁；盘庚中兴之后，"殷衰""殷复衰""殷益衰"的次数，多达三次，直到最后商纣王被周武王所灭，中间只有一次小的复兴。

可以说，整个商朝的历史，就是一部起起落落、衰而复兴、

兴而再衰的历史。

盘庚继承帝位之时，手里是一个烂摊子。

在他之前的九代帝王，陷入了一个继承权争夺的怪圈，就是"弟侄之争"。

前面说过，商朝前几任帝王，做得很好：帝位传给亲弟弟，一个接一个，前任帝王的嫡子（正妻的儿子）们轮流做帝王，他们都死光了之后，再把帝位传给大哥的儿子、自己的侄子。

时间长了，慢慢有人开始坏了规矩。毕竟帝位只有一个，弟弟抢了，侄子就得不到；有的侄子心急，担心叔叔一天两天死不了，或者担心叔叔们有私心，把帝位传给自己的儿子。

于是，就开始你争我抢，别说禅让，连礼让都没了。

所以盘庚之上的九代帝王，基本上是一片混乱。

这九代帝王，从中丁开始，头三任还算正常，都传给了弟弟。

中丁把帝位传给了弟弟外壬，外壬把帝位传给了弟弟河亶

（dǎn）甲。河亶甲死后，按历代的规矩，应当把帝位传给大哥中丁的儿子。河亶甲没有这么做，而是传给了自己的儿子祖乙。混乱不堪，由此开始。

祖乙死后，帝位传给了儿子祖辛；但祖辛的儿子没能继承帝位，帝位到了祖辛的弟弟沃甲手中。

沃甲死后，祖辛的儿子祖丁夺回政权取得帝位；祖丁死后，儿子没能继承帝位，接任的是自己的堂兄弟，沃甲的儿子南庚。

南庚死后，祖丁的儿子阳甲继位。

总之，你争我夺，一片混乱。直到阳甲死后，弟弟盘庚继位，政坛才算稳定下来。

☸ 盘庚迁都

帝王之家一乱，诸侯就不服你：你自己家里的事情都处理不好，哪有资格来管我？渐渐地，就不来朝拜了。

内乱，只会带来衰落。

盘庚真是"看在眼里、急在心里"。要想让王朝中兴，办法有两个：一是打击旧的贵族势力，二是让社会焕发新的生机。

为达到这两个目的，盘庚做了一个重大决定：迁都。

此前，商朝已经多次迁都，给人一种居无定所的不稳定感。这一次，盘庚要把都城迁回到商朝创始人——汤武王发家的地方去。

这个地方，叫毫（bó）。

想法遭到了很多旧势力的反对。盘庚只好苦口婆心做工作：

"从前贤君成汤与你们的先祖齐心协力，夺取了天下。现在你们如果舍弃了先祖们定下的法则而不勤勉，怎么能形成良好的品德、做一番大事业呢？"

盘庚的讲话，今天看起来似乎有些空洞，但不管怎样，他的劝说达到了效果，迁都得以成行。

站在先祖商汤出发的地方，商在盘庚的带领下，重新焕发了活力，实现了中兴。

遗憾的是，都城虽然相对稳定了，中兴却没有维持多久。

◉ 梦见人才

盘庚去世，弟弟小辛继位，商朝的国势再度衰弱。

小辛去世后，弟弟小乙继位；小乙死后，儿子武丁继位。

武丁很想让国家恢复祖先商汤时的盛况，让商朝中兴。中兴靠什么？人才。

可武丁手里，最缺的就是人才。他为此很郁闷，郁闷到整整三年都没发表过任何言论，把政事都交给了大臣。

放手不等于放纵。这三年，武丁整天日思夜想的，就是怎样找到治国之才。他处处观察、时时留意。

然而，效果不尽如人意。

俗话说，日有所思，夜有所梦。老想着这个，晚上就开始做梦了。在梦中，他遇到了一个圣人，是个治国的好手，名字叫"说"（yuè）。

到底谁是说呢？武丁梳理了一下朝中大臣，一一核对，都对不上号。这就说明，自己梦到的这个圣人，不在朝廷，而在民间。

于是他下令，让百官去寻找这个叫说的圣人。民间果然有个叫说的，住在今天的山西省一个叫"傅岩"的地方。

时间大概是夏天，傅岩这个地方，有一条小河冲毁了道路，说正在带着附近的百姓忙活。

天子的使者一看，没错，这可能就是天子梦到的圣人说，便把说带回朝廷，让武丁审查。

武丁一看，嗯，和梦中的人有点像；和说一交谈，此人谈吐不凡，果然是个圣人，于是任命他为国相，殷商因此而复兴。

当年，说隐居在傅岩这个地方，武丁便把傅赐给他做姓，所以这个圣人后来的名字，便叫傅说。

> **画外音**：做梦梦见圣人，并真的在民间找到，应该是经过加工了的故事；但武丁遍访贤才、寻找治国之才的事情，可能是真的。提拔人才不局限于亲戚、朋友和熟悉的人，而是放眼天下，武丁的做法是值得称道的。

◎ 雷劈帝王

"不做亏心事，不怕被雷劈"，是我们常说的玩笑话。不过，历史上还真有一位被雷劈死的帝王，他就是商朝的武乙。

商朝的亡国之君、暴虐的商纣王，是武乙的曾孙。换句话说，这时候距离商朝灭亡，已经不太远了；商纣王之所以暴虐，是不是因为继承了武乙的某些基因，也很难说。

还是来看看这个"遭雷劈"的故事吧。

史料对武乙的评价很简单：道德败坏，胡作非为。

而且，他看上去，不像一个正常人。

一个精神正常的人，会和"天"下棋吗？

武乙会。

他让人做了一些泥巴人、木头人，说它们是"天神"——这倒也罢了，毕竟古人祭祀也常用神像之类的；可离谱的是，他居然和这些泥巴、木头做的天神下棋。

武乙虽然身为天子，对天神却不怎么尊重，天神如果下棋输了，还要惩罚天神。

怎么惩罚呢？揍木头人一顿？不是。武乙让人找来皮袋子，里面装满了血，挂在半空，然后用箭来射，据说这叫"射天"。

行为如此荒唐，他的治国水平，可想而知；商朝最终灭亡，恐怕也少不了武乙的功劳。

自作孽，不可活。武乙称帝的最后一年，有一次去黄河、渭水一带打猎，没想到空中起惊雷，把武乙给震死了（暴雷，武乙震死）。

《史记》虽然很委婉地用了"震死"二字，其实想想看，这不就是被雷劈了吗？

【原著精摘】

帝盘庚之时，殷已都河北，盘庚渡河南，复居成汤之故居，乃五迁①，无定处。殷民咨胥②皆怨，不欲徙。盘庚乃告谕诸侯大臣曰："昔高后③成汤与尔之先祖俱定天下，法则可修。舍而弗勉，何以成德！"乃遂涉河南，治亳，行汤之政。然后百姓由宁，殷道复兴，诸侯来朝。以其遵成汤之德也。

【注释】

①乃五迁：于是第五次迁都。

②咨胥：咨，嗟叹。胥，相互。

③高后：明君，此处指成汤。

【译文】

　　盘庚即位时，殷已经在黄河以北定都，盘庚渡过黄河，在黄河以南定都，又回到成汤的故地。自汤到盘庚，已是五次迁移了，一直都没有固定的居地，殷朝的民众怨声载道，不愿再受迁移之苦。于是，盘庚就告谕诸侯大臣说："从前先王成汤和你们的祖辈一起平定天下，他们传下来的法度和准则我们应该加以补充。如果我们舍弃而不努力推行，怎么能成就德业呢？"于是盘庚渡过黄河，南迁到亳，遵行成汤的政令，此后百姓们渐渐安定，殷朝的国势再次兴盛起来，一度离心离德的诸侯重新前来朝觐。这些都是盘庚遵循了成汤德政的缘故。

商纣暴虐：做酒池肉林　成无道昏君

带着问题读《史记》

商纣王的名字，原本就叫"纣"吗？

◎ 酒池肉林

盘庚迁都，搬了新家，有了新气象，殷商出现了最后一次中兴。

在他之后，殷商的日子，就一代不如一代了，国力逐渐衰败。

国力衰败的表现之一，是暴君越来越多。

最典型的有两个，一个是那个被雷劈死的武乙，另一个就是武乙的曾孙，殷商的末代国君、著名的纣王。

纣王不叫纣，这个字含有暴虐的意思，谁会用它来做名字？他的名字叫辛，辛苦的辛。在暴虐之路上，他的确很辛苦。

因为太暴虐，天下人给他起了一个名字：纣王。

如果不是太过暴虐，纣王会成为一个人才。

正是因为太"优秀"，他在暴虐的路上越走越远。

高智商的人走在邪恶的路上，危害远比低智商的人大得多。希特勒是一个例子，纣王也是一个例子。

来看他的优点：

智商高——聪敏过人，反应灵敏；

见识多——见多识广；

口才佳——好到足以对抗别人的劝谏，别人劝一句他能回三句，甚至别人还没等开口，他就知道别人要说什么了；

身体棒——能赤手空拳和猛兽搏斗，三两个人很难制伏他；

…………

这些优点用在好的地方，商朝或许能再次中兴；但他恰恰把这些优势全用在了错误的方面。

他利用自己的口才，把错误掩饰得天衣无缝，把自己夸得天花乱坠；

他向大臣夸耀自己的能力，甚至吹牛吹到自己都信了，认为自己的声望天下无敌；

他认为以自己的水平和能力，可以主宰一切，玩天下于股掌之中；

既然自己能力这么强，放纵一下是无所谓的，他每天饮酒作乐，宠幸女人，尤其宠爱妲（dá）己，对妲己言听计从；

…………

为了满足自己的欲望，他横征暴敛，在都城朝歌建了鹿台，里面堆满了各种奇珍异宝；他还在池子里盛满了酒，上面悬挂着肉，如树林一般，男男女女赤身裸体，在里面追逐嬉戏——这就是成语"酒池肉林"的来历。

🔅 炮烙之刑

百姓怨声载道，愤恨不已。诸侯开始背叛。

自以为聪明到可以掌控天下的纣王，对此毫不在乎。你敢背叛？说明惩罚还不够严厉！

著名的"炮烙之刑"——让人在烧热且涂过油的铜柱上行走，直到掉进炭中烧死，传说就是纣王发明的。

这个酷刑，是帝王"辛"进阶为"纣王"的必备条件之一。

但仅仅是"之一"。他使用过的刑罚，还有"醢（hǎi）刑"——就是把人剁成肉酱，甚至做成肉干。

纣王的暴虐，已经到了让人难以理解的程度：他不仅对反对自己的人施以酷刑，对讨好自己的人也不放过。

这和他的曾祖父武乙很像。

当时有位诸侯，史料称其为"九侯"，九侯是当时的三公之一（另外两个是姬昌、鄂侯），地位显赫。

九侯为了讨好纣王，给纣王送了一个美女。没想到拍马屁拍到了马腿上，送美女送出了问题。

这个美女很有个性，对纣王的荒淫行为非常不满。纣王很生气，把这个美女杀了。

不仅如此，他因此迁怒于九侯，把九侯也杀了，而且杀得更残酷，直接剁成了肉酱（醢刑）。

鄂侯很生气，和纣王理论。纣王哪是讲道理的人？三下五除二，把鄂侯也杀了，而且做成了肉干。

谁还敢劝谏？越劝，死得越惨。

☸ 一声叹息

三公只剩下了姬昌，也就是西伯、后来的周文王。

姬昌不敢再劝谏——那等于找死，但还是为商的前途和天下百姓忧虑，不由得暗中叹息。

叹息也不行！

因为他叹气的时候，被一个很阴险的大臣看到了。

这个大臣为了对纣王表忠心，打了姬昌的小报告："九侯、鄂侯死了，大家都觉得很痛快，可西伯却暗中叹气，这是什么意思？"

纣王一听很生气，但他毕竟是个聪明人，聪明就容易多疑：一方面生姬昌的气，另一方面又想你打别人的小报告什么意思？也要提防你！

他没有因此杀姬昌，而是把他囚禁在了羑（yǒu）里这个地方。

虽然囚禁，但也很危险，谁也不知道暴虐的纣王什么时候哪根筋不对，就想起来要杀姬昌。

必须救人。

因为交通不便，夏、商、周三代，对各地诸侯的管控都比较弱；各地诸侯，在自己的地盘上，有很大的独立自主权。

纣王把姬昌囚禁在距离都城不远的地方，属于纣王的势力范围，多待一天，就多一天的危险。

安全的地方，是周的领地（当时周是商领导下的部落联盟）。只要姬昌回到自己的地盘上，就安全了。

但人被扣在了羑里，怎么办？

姬昌手下的臣子，开始动脑筋、想办法：既然人是纣王扣的，解铃还须系铃人，就得找纣王。

送礼。

他喜欢什么，就送什么。

两样东西：美女，珍宝。

姬昌的手下给纣王献上了美女和珍宝，纣王终于点头，放了姬昌。

姬昌暂时安全了。但此时的周还很弱小，商很强大，如何保证纣王不一时兴起，发兵灭周呢？

有人给姬昌出了个主意：主动割地，表示对纣王的臣服；同时整日宴饮作乐，表明自己没有野心，麻痹纣王。

姬昌于是把洛水以西的一块地献给纣王。为了不显得此举莫名其妙，提出了一个条件：请商纣王废除炮烙之刑。

纣王一听，这笔买卖好。废除炮烙之刑算什么，废了这个，还有醢刑呢。

◉ 穷途末路

聪明人商纣王，其实很糊涂。他重用小人，排斥忠良。

大臣费仲，有两大特点：第一，爱拍马屁；第二，贪图小利。殷商几乎没有人喜欢他，可他却得到了纣王的重用。

反对费仲的声音实在太多，纣王只好换了一个人，名叫"恶来"，光名字就先让人讨厌三分。恶来也确实是个小人，喜欢搬弄是非，诽谤他人。

令人尊敬的几个忠良，纣王却先疏远、后迫害。

最著名的，是比干。

比干因为屡次劝谏纣王，遭到纣王记恨，疏远了他；而此时

的周，国势却日益强大。

微子名叫启，是纣王同父异母的哥哥。他虽然是长子，但因为生母身份卑微，没能继承帝位。面对纣王的暴虐，他十分担心，三番五次劝谏之后，他和几个大臣商议："要不干脆逃走吧！"

论辈分，比干是纣王和微子的叔叔。他听说此事，不满地说："做臣子的，就算被杀头挖心，也要据理力争，岂能和微子一样说走就走呢？"

比干执拗地劝导纣王："不要再这么错下去了！"

这下惹恼了纣王。他生气地说："你这么执着，算是个圣人。我听说圣人心眼很多，有七个孔。"

然后下令，把比干剖腹挖心！

忠臣被挖心，堪称历史上最残忍的一幕。

纣王继续着他的疯狂，周却在积蓄力量。

周文王死后，周武王继位。继位十一年后，周武王终于决定：起兵伐纣！

周武王振臂一挥，受够了纣王暴虐统治的诸侯们纷纷响应。在牧野，周武王的军队一举击溃纣王的军队。

纣王兵败，逃入城内。他跑到堆满了珍宝的鹿台，一把火让珍宝化为灰烬，自己也被烧死。

周武王砍下纣王的头颅，杀了妲己，安抚百姓。

此外，他还做了一件事：重新修整了比干的墓。

忠臣，永远值得铭记，这和朝代无关。

【原著精摘】

帝纣资辨捷疾，闻见甚敏；材力过人，手格猛兽。知足以距谏，言足以饰非。矜人臣以能，高天下以声，以为皆出己之下。好酒淫乐，嬖于妇人。爱妲己，妲己之言是从。于是使师涓作新淫声，北里之舞，靡靡之乐。厚赋税以实鹿台之钱，而盈钜桥之粟。益收狗马奇物，充仞宫室。益广沙丘苑台，多取野兽蜚鸟置其中。慢于鬼神。大聚乐戏于沙丘，以酒为池，悬肉为林，使男女倮相逐其间，为长夜之饮。

【译文】

纣天资聪颖，很善辩，反应灵敏，见多识广，接受能力强；气力过人，能徒手与猛兽格斗。他的聪明让他足以驳斥别人的劝谏，优秀的口才让他可以把自己的错误掩饰得天衣无缝。他经常向大臣夸耀自己的能力，认为自己的声望高于天下，天下没有人能比得上他。他嗜好喝酒，放荡淫乐，宠爱女人。他特别宠爱妲己，对妲己的话唯命是从。他让乐师涓制作了新的放荡的乐曲，还有北里的舞蹈以及一些靡靡之音。他加重赋税，把鹿台的钱库堆得满满的，把巨桥的粮仓也装得满满的。他四处搜集狗、马以及新奇的玩物，填满了宫室，又扩建了沙丘的园林楼台，捕捉大量的野兽飞鸟放在里面。他对鬼神傲慢不敬。他在沙丘汇集了各种游乐之戏，用美酒当作池水，把肉悬挂起来当作树林，让男女赤身裸体在其间追逐嬉戏，通宵达旦地饮酒作乐。

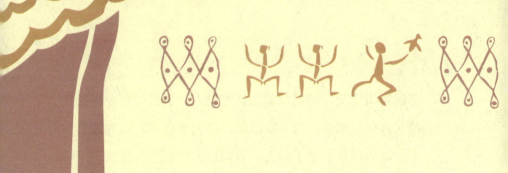

封邦建国，大幕徐徐拉开：周

周本纪

从周朝开始，我们的文化日渐厚重，传统的农业文明逐步形成。为什么中华文化能一直延续到今天，没有断层？为什么汉唐十分强大，也很少对外侵略扩张？以农为本的周朝，为中华文明铺好了底色。

弃儿后稷：农业祖师爷　大周之始祖

带着问题读《史记》

周朝为什么特别重视农业？

◎ 弃儿后稷

周朝的始祖，有一个奇怪的名字：弃。

之所以叫这样的名字，是因为他一出生，就是个弃儿。

人们也叫他"后稷"。后稷本来是个官名，在尧舜时代负责管理农业，因为弃在农作物种植方面很有成绩，尧就任命他做后稷这个官。

因为弃干得很出色，以后人们干脆就用"后稷"二字作为他的名字了。

先祖就是干农业出身的，因此整个周朝，对农业都特别重视。

那么，他为什么又叫弃呢？

周是灭掉商之后建立的朝代。周武王杀了商纣王，表面上看，这两个朝代应该算作敌人。

可这两个朝代的先祖，却出人意料地相似：后人都给先祖编造出了"出生时很奇异"的神话故事。

难道他们就不该备注一下，"如有雷同，纯属巧合"？

先祖一出生，就自带"神"的光环，他们的后代成为帝王，似乎就顺理成章，属于"顺应天意"。这有助于愚弄百姓、巩固统治。

商朝、周朝先祖的来历，都和帝喾有关。

前面说过，帝喾，是黄帝的曾孙。

商朝的先祖名叫契，是帝喾的第二个妃子生的。但是，请注意，契并不是帝喾的儿子，他是母亲吞了一个鸟蛋之后生的。

周朝的先祖弃，则是帝喾的正妃生的。

有一天，帝喾的正妃到野外去玩耍，忽然看到地面上有一个巨人的脚印，于是她就很顽皮地去踩这个脚印。

后面的事情就不好玩了：踩上之后，她感觉身体仿佛有点异样，回去就怀了孕，后来生了一个儿子。

因为这个儿子出生得太不寻常，她觉得不吉利。

她想，干脆把这个儿子扔到路上，让牛马踩死吧。于是扔掉。

奇怪的是，牛马居然都主动避开这个婴儿，不敢踩踏。

她于是想把孩子扔进树林里，可是不巧，树林里有很多人，没好意思扔，带走了。

附近有个沟渠结了冰，她便把孩子扔了下去。不料，不知从什么地方飞来一只大鸟，张开翅膀，把孩子接住了！

他母亲觉得，这是老天爷让我留下这个孩子啊！

她最终决定，把孩子养大。

因为当初想扔掉这个孩子，她便给孩子取名为"弃"。

◎ 农业祖师

每个中国人都应该感谢这个弃儿。

至今，我们依然受益于他：我们吃的小米、高粱、豆子等农作物，都是后稷带领当时的百姓培育出来的。

他就是尧舜时代的"袁隆平"。

从小，他就志向高远，而且和别的小孩很不同。别的小孩做游戏，可能就是互相打打闹闹，逗弄小动物，他的爱好却是种植农作物。

如果只是种着玩，也不会引起大家的注意。

令人刮目相看的是，虽然年纪小，他种的农作物却长势很好。长大之后，他就更爱种庄稼了。

越长大，技术越成熟，水平越来越高——毕竟在尧舜时代，种庄稼种得好，就相当于现在掌握了高科技，他的名声很快传开了。

一大帮人跟着他，学习如何种植农作物。

天子尧知道后很高兴，尧对他说："弃啊，从前老百姓都吃不饱饭，这是个大问题！你有这方面的特长，一定要发挥出来，让老百姓不再挨饿！从此以后，你做后稷（官名）吧！"

尧还给了弃一块封地，以姬作为姓，成了诸侯国。后稷逐渐成了他的名字。

◎ 仁者，忍者

后稷的子孙后代们，一代一代繁衍，到了商朝统治时期，出现了一位仁者，名字叫古公亶（dǎn）父。

这个有点奇怪的名字，很多人会觉得陌生。

但他的孙子，大家都很熟悉，就是著名的周文王姬昌，大周王朝的奠基人。

古公亶父，是个典型的仁者；他的仁厚，不仅感染了当时的百姓、诸侯，对自己的儿子、孙子，也产生了深远的影响。

从他开始，他的两个儿子、一个孙子，都是著名的仁者。

他的仁爱，体现在对戎狄的宽容上。

古公亶父发扬后稷的精神，重视农业，部族人都很拥戴他。不料，戎狄薰育却眼红了，前来攻打周，目的是抢夺财物。

古公亶父的反应令人惊讶：那就给他们吧。东西被夺走了，还可以再生产；部落百姓因为战争死亡，生命就不会再有了。

没想到，薰育得寸进尺，又来攻打，这一回，不仅索要财物，还要土地和人民。

周的百姓很愤怒，想决一死战。古公亶父却说："百姓拥立君主，目的是想得到福利，不是发生战争。戎狄攻击我，目的是得到我的土地和人民。人民属于我和属于他们，有什么区别呢？如果人民为了我而发生战争、大量死亡，等于是付出生命的代价来维护我，我不忍心这么做！"

于是，古公亶父决定迁都岐下（地名）。

他不仅是个仁者，也是个忍者。

> **画外音**：古公亶父并不是软弱，而是仁爱。他可以牺牲自己的领袖位置甚至生命，却不愿让黎民百姓陷入战争。
>
> 历史常常上演的故事，叫"一将功成万骨枯"，一个领袖的功成名就，背后是无数个士兵的枯骨。

吴国先祖

古公亶父的仁爱，感染了他的几个儿子。

长子名叫太伯，次子名叫虞仲。正常情况下，理应由长子太伯继承父亲的诸侯王之位。

但问题出现了。

古公亶父格外喜欢自己的一个孙子，经常念叨："我们这一族，应该会出现一个王者。这个王者，就是他了吧？"

他的孙子，名叫姬昌。

不巧的是，姬昌既不是太伯的儿子，也不是虞仲的儿子，而是季历的儿子。

季历是古公亶父的幼子，无论怎样传，父亲的爵位，也很难传给他。

爵位无法传给季历，就意味着姬昌不可能继位，意味着古公亶父"本族出现王者"的希望落空。

长子太伯、次子虞仲想了想，决定满足父亲的愿望，让季历继位。

两人选择了逃跑。

一路往南，一直到了南蛮之地。

当地人十分野蛮。兄弟俩入乡随俗，学着当地土著，在身上文身，并剪断头发，表示再也不回中原。

兄弟俩逐步发展了自己的势力，形成了后来的吴国。

季历继承了古公亶父的位置，姬昌得以继位。

古公亶父"出现王者"的心愿，终于在姬昌身上应验。姬昌发展壮大了周，周武王最终灭商；而姬昌自己，也有了王的封号——周文王。

【原著精摘】

弃为儿时，屹如巨人之志①。其游戏，好种树麻、菽，麻、菽美。及为成人，遂好耕农，相地之宜，宜谷者稼穑焉，民皆法则之。帝尧闻之，举弃为农师，天下得其利，有功。

【注释】

①屹如巨人之志：俨然像大人一样有志气。巨人，此处指成年人、大人。

【译文】

弃小的时候，就有着像大人般的远大志向。他游戏的时候，喜欢种植豆、麻之类的庄稼，且都长得很茂盛。到他成人之后，就喜欢耕田种谷，经常仔细察看什么样的土地适宜种什么，适宜种庄稼的地方就在那里耕种，民众都效法他。尧帝听说后，就任命弃为掌管农事的官，天下都因他而受益，功劳很大。

牧野之战：刀枪虽无眼　将士却有心

带着问题读《史记》

　　西伯被囚禁，出不去，也没什么事情干。可是，他却利用被囚禁的时间，干了一件影响后人的大事情。你知道是什么事情吗？

◎ 西部乐土

　　周的封地，在今天的陕西一带，位置上在商的都城以西，所以姬昌被商封为西伯。

　　西伯先是因为"一声叹息"被商纣王拘禁，被解救后，他一方面割地麻痹纣王，一方面暗中积蓄力量，壮大周的事业。

　　当时的周，可谓政通人和，百姓安居乐业，别说普通人，就是一些诸侯，对周也十分向往。

　　周，是商纣王暴虐统治下的一片乐土。

　　有些诸侯出现了纷争，不找商纣王，而是找西伯，请他裁决。

　　有一次，虞、芮两个诸侯，在土地上闹起了矛盾，这个说这块地是我的，那个说这块地是他的，互不相让，起了争端。

那时候没有法院，百姓间出现这样的纠纷，要找德高望重的人裁决；诸侯也是一样，闹纠纷的解决方式，就是找更加权威的诸侯王解决。

两个诸侯来到周地，感慨颇多。只见周地的百姓，都在相邻的地块中间留下田垄，这块"交界带"，没有人去争抢、耕种；百姓的习俗，也是十分礼让。

两个对手不由得十分羞愧："我们争抢的，正是周人礼让的，还去找西伯干啥？"

于是他们不再去找西伯，自己回去了，矛盾也解决了。

画外音：中国有句俗语，叫"争着不足、让着有余"。安徽有条巷子，叫"六尺巷"。

有个人在京城当官，老家安徽的宅子旁边有条巷子，被邻居盖房子占了。家人不高兴，就写信给他，希望他给家人"出出气"。不料官员回信，写了一首诗："一纸书来只为墙，让他三尺又何妨。长城万里今犹在，不见当年秦始皇。"

家人看到信，幡然醒悟，干脆又让了三尺给邻居；邻居不好意思，也让了三尺，从此巷子就叫"六尺巷"了。

西伯除了在治理国家方面很有水平，还有一点也令人佩服。

前面说过，西伯曾经被商纣王囚禁了一段时间。如果是一般人，

囚禁的时候整天提心吊胆，哪有心思干别的？

周西伯却不。他觉得，自己虽然被囚禁了，但光阴不能虚度，不能让囚禁的岁月成为人生的遗憾。

于是，他利用这段时间，认真研究易经，把《易》的八卦调整为六十四卦。

由此，逐步形成了中国历史上最深奥、最古老的图书之一——《周易》。

可以说，西伯是一个很善于管理时间的人。

画外音："时间管理"是当代人提出的概念，听上去很玄乎，其实没什么神秘的。

你只要做好两点就行：

第一，不要让"空闲时间"浪费。比如西伯，人被囚禁，什么都干不了，但不影响他思考，不影响他做研究。这样一段本来"什么都干不了"的时间，被他充分利用，于是有了《周易》。

第二，如果同一时间段，有好几件事情需要你去做，那么，把这几件事分类，先做最重要、最紧急的。

做到这两点，你就进入"时间管理"的初级阶段了！

◎ 盟津初试

西伯在位大约五十年，去世后，儿子姬发继位，就是周武王。

在武王的带领下，周更加强大；在纣王的暴政下，商更加众叛亲离。

越来越多的诸侯王背叛商的统治，把周作为盟主。

形势一片大好，周武王却有了一个奇怪的举动：都已经发出征讨商纣王的号召了，部队也已经出发，各路诸侯也都聚齐了，周武王却突然撤兵了。

这是一个永远的历史之谜。但通过《史记》的点点滴滴，不难发现周武王这么做的原因。

周武王九年，姬发觉得时机成熟，于是带领军队，向东进发，抵达了盟津。

盟津，是黄河边上的一个渡口。

在这里，周武王自称太子发，发表了重要讲话，核心意思只有一个：我姬发本来就是个孩子，靠先祖的努力才有今天；现在讨伐商纣，我一定会赏罚分明，替天行道！

在姜太公等人的辅助下，部队横渡黄河。

然而，有些奇怪的事情发生了。

渡河的时候，一条白鱼翻身跳进了武王的船里。周武王没有把它煮了吃；而是俯下身来，用它来祭祀上天。

渡河后，有一团火忽上忽下，飘到了周武王住的房子上方；大家仔细看时，那团火又变成一只红色的大鸟，飞掠而去。

此时，聚集在周武王手下的诸侯，有八百多个。大家磨刀霍霍，剑指纣王。

周武王看着摩拳擦掌的将士们，沉吟道："诸位还不了解天意。现在讨伐，还不可以。"

说罢，在大家疑惑的目光里，周武王宣布班师回朝。

◉ 寻找谜底

千古之谜就这么形成了。

谁也不知道周武王当时的心思，包括司马迁，甚至周武王身边的大臣。

但分析之后，依然可以了解个大概。

一是周武王觉得，自己继位只有九年，在周的领地内，统治虽然稳固，但要想游刃有余地指挥八百诸侯，还有点困难。

在很多老牌诸侯眼里，他还"嫩"了一些。

正因为如此，他为了取得诸侯王们的好感，主动退让一步，起兵时不称王，而称太子。

事实上周文王已死，此时已经没有太子。

自称太子，一方面表示自己的谦逊，以此赢得诸侯王的好感；另一方面执政五十年的周文王威信更高，打他的招牌，更能吸引诸侯王参与讨伐。

第二个原因在于，自己是打着老爹的旗号讨伐的，很多诸侯听说后，也是奔着周文王的名头来的（当时信息闭塞，周文王虽然去世八九年，很多偏远诸侯依然不知道这一消息，否则周武王不可能自称太子），没想到来了一看，带头大哥是周武王，周文王已经去世了，难免会有些不满，或者不服气。

虽然有姜太公这样的大臣压阵，但在大战之前，诸侯如果不能齐心协力，依然是危险的。

第三个原因，是商纣王虽然暴虐，还没有出现"最后的疯狂"。纣王的叔叔、名臣比干，依然掌权，依然在勤勉地劝谏纣王。

纣王即便昏庸，如果比干调动部队，全力迎战，局面依然是敌强我弱。商军比周军，要强大很多。

杀死比干，是压垮商朝这个骆驼的"最后一根稻草"。

两年后，纣王对比干剖腹挖心，残忍地杀死了比干，囚禁了叔父箕（jī）子，忠臣纷纷外逃。

这时候，姜太公和周武王终于认定：灭商的时机，彻底成熟了。

至于黄河里跳上白鱼、房顶飞过红色大鸟之类的"兆头"，只是周武王的借口而已。

真实的原因，就是讨伐时机不成熟：无论是从周武王的联盟军而言，还是从商纣王的实力而言。

🔘 牧野之战

两年后，商纣王终于穷途末路，诸侯群情激愤，周武王顺应天意民心，再度举兵，讨伐纣王。

这一年，是周武王十一年。

他统领兵车三百辆，虎贲（bēn）军三千人，带武器的武士（甲士）四万五千人，总共约五万人的队伍，浩浩荡荡，渡过黄河，

杀向商朝的都城。

商朝都城外，有个地方叫"牧"；在牧的旷野，周武王举行誓师大会。

周武王很懂心理学。那时候的人都迷信，所以他在誓词中，重点强调讨伐商纣是"顺应天意"，是老天爷不让商朝存在下去了：

"古人说，母鸡不应在早上啼叫，如果早上母鸡叫了，是这家的衰败之兆。现在的纣王，却只相信妇人（指纣王的宠妃妲己）的话，自己废弃了祖先的祭祀。他抛弃忠良，舍弃自己的兄弟，却重用那些罪大恶极的坏人。我姬发必须恭敬地执行上天的命令，代表上天来惩罚他！"

周武王在誓师，商纣王也没闲着。

兵来将挡，水来土掩，纣王似乎没觉得自己有多危险。

有人问了："周武王的部队，都兵临城下——到达都城郊外的牧野了，他还不觉得自己危险？"

是的。这里要普及一个常识：整个商朝，还基本属于"城市国家"的状态。

因为交通、通信不便，天子直接统治、指挥的领地，十分有限；诸侯在各地有相当大的独立自主权，只是每年朝贡，名义上属于天子领导。

天子的部队，重点守卫的地方，就是都城；其他地方，让儿子、孙子们或者诸侯守卫，就可以了。人口少、交通不便，不可能全面布防。

所以，在碰到商朝大股部队之前，周军是可以长驱直入的。

那时候的战争形态就是这样，纣王很了解，所以不担心。

更给他以底气的是，他手头上，有七十万部队。

七十万！

满打满算，周武王也不过五万人，比例是 1 ： 14。

一个人打十四个人。正常情况下，这仗根本没法打。

看到今天这个军队人数的对比，不难理解为什么周武王的第一次讨伐计划半途而废。

幸好，情况"不太正常"。

纣王只有军队的数量，没有人心，甚至没有军心。

姜太公特意选拔百名勇士，在阵前挑战；同时组织部队冲杀，目的是冲乱商军的队形。

纣王的军队，用一个词来概括，叫"一触即溃"。

他的军队毫无斗志，甚至不少人都希望周武王赶快入城。这种情绪在商军中迅速蔓延开来，纣王的士兵不再往前冲，反而调转矛头，攻向自己的部队。

倒戈的纣王士兵带着武王的部队，杀入都城。纣王逃回城内，登上鹿台，自焚而死。

商纣王的统治，由此终结。

周朝正式登上了历史舞台。

画外音：七十万士兵的商纣王，败给了五万士兵的周武王。用来保卫自己的士兵，却成了敌人的"带路党"，纣王的作为，再次应验了那句话：多行不义必自毙。

【原著精摘】

帝纣闻武王来，亦发兵七十万人距武王。武王使师尚父与百夫致师①，以大卒驰帝纣师。纣师虽众，皆无战之心，心欲武王亟入。纣师皆倒兵以战，以开武王。武王驰之，纣兵皆崩，畔纣。纣走，反入登于鹿台之上，蒙衣其珠玉，自燔于火而死。

【注释】

①致师：派出很少的人到敌军面前挑战，引诱敌人。

【译文】

纣听说武王攻来了，也发兵七十万来抵御武王。武王派师尚父率领百名勇士前去挑战、诱敌，然后以全部人马长驱直入冲进商纣的军队。纣的军队人数虽多，但都无心恋战，甚至盼着武王赶快攻进来。他们都掉转兵器攻击商纣的军队，给武王做先导。武王急驱战车冲进来，纣的士兵全线崩溃，反叛了纣。纣败逃，退入城中，登上鹿台，把宝玉都穿戴在身上，投火自焚而死。

武王失眠：忧虑前朝事　难防后来人

带着问题读《史记》

"道路以目"和"防民之口，甚于防川"，是哪个帝王的典故？

◎ 不眠之夜

商纣王在牧野之战中的失败，对周武王来说，也是一个深刻的教训。

他对此战做了充分的准备，甚至可能做好了打持久战的准备；要不然，他就不会在两年前的盟津宣誓后，突然撤兵了。

毕竟，五万人打七十万人，是个十分冒险甚至很不理智的举动。

但他成功了，商纣王失败了。

一个人究竟怎样，才会离心离德到如此地步？

战斗胜利后，周武王带着大臣，登上了附近的土山，遥望商朝的城池，感慨万千。

回到家，他失眠了。

弟弟周公旦来见周武王，问他："你怎么不睡觉啊？"

周武王感慨道："殷商不祭祀上天，从我还没出生的时候就已开始，到现在已经六十年了。朝廷上都是奸佞（nìng）小人，正人君子却被抛弃。想想当年，上天眷顾殷商，光名臣贤将就有三百六十人。殷王不能礼遇他们，最终自取灭亡，这才成就了周的王业。我灭商的功绩，仿佛就是捡来的一般，还没有得到上天的保佑，怎么敢睡觉啊！"

接着，武王说出了自己下一步的打算："要让上天眷顾我，就要惩恶扬善，把天底下的坏人都抓出来，加以惩罚；同时慰劳黎民百姓，让百姓过上好日子……"

哥哥的话，周公都记在了心里。

这一晚的对话，对几年后辅佐周成王（周武王之子）执政的周公，产生了深刻的影响。

除了谈论治国理政，这个值得历史铭记的夜晚，还顺便敲定了一件影响几千年的大事：把周的都城，规划在了雒邑（luò yì）。

雒邑这个地方，今天叫洛阳。

🟠 周公辅政

周武王灭商四年之后，就去世了。

太子姬诵继位，这就是周成王。

周成王年幼，他的叔叔周公便代理朝政。很多人不服气，有人说他想要谋权篡位、图谋不轨。

周公无端遭受风言风语，也没工夫辩解，毕竟大周的事业刚刚开始，百废待兴。他在周武王分封诸王的基础上，进一步进行分封；消灭了一些企图叛乱的诸侯王，稳固了大周的统治。

形势稳定之后，成王也长大了，周公功成身退，把政权还给了周成王。

周公是一个品德高尚、没什么私心杂念的人，后世出现品德高尚的宰相，人们便会称其为"周公再世"。

他的故事，在后面的《鲁周公世家》中，会有详细介绍。

◉ 防民之口

在周武王和周公这两个"劳模"的带动下，西周的前半段，总体上比较平稳，不像商朝起伏得那么厉害。

平稳地度过了九代，到了周武王的"九世孙"——周厉王时期，骄傲自满、唯我独尊的不良风气，开始出现了。

周厉王身为天子，贪图物质享受，任用那些与民争利的大臣。

有人劝谏他，甚至拿"大周可能因此衰败"的话来"威胁"他，希望他对得起祖宗。

可是，不听。

甚至，你越说，我越出格。

于是，"好（hào）利"变成了暴戾（lì）。

暴虐、奢侈、傲慢，这是《史记》赠送给周厉王的三个形容词。

这三块"荣誉勋章"，是周厉王用自己的实际行动换来的。

老百姓对这个帝王，有很多怨言。

周厉王三十年，大臣召公感觉这样下去，大周的命运非毁在周厉王手中不可，于是进行劝谏："大王啊，您的政令太过于暴虐，老百姓已经没法忍受了！"

这句话的潜台词就是说，老百姓都在骂你，你再这么下去，老百姓就会揭竿而起，要造反了！

周厉王不知道是真没听懂，还是揣着明白装糊涂，居然招来了一个巫师，给他安排了一项任务："你把耳朵支好喽，每天去监督百姓和大臣，看看谁有怨言，发现了之后，马上向我汇报！"

巫师本来就是装神弄鬼的，干这个很在行。

他向周厉王汇报谁有怨言，周厉王马上就把这个人杀掉。也不知道有多少冤死鬼。

别说，还真挺有效。各种抱怨甚至咒骂周厉王的声音，果然少了。

是啊，谁还傻乎乎地往枪口上撞啊，能闭嘴就闭嘴吧。

一个副产品是：诸侯也不来朝觐（jìn）了。

想想也是，去朝觐，难免就要说话；一说话，万一哪句话说错了，弄不好就要掉脑袋。何况，大王这么暴戾，谁愿意去朝觐他啊！

◉ 道路以目

周厉王三十四年，暴政更加严苛。

老百姓别说抱怨和咒骂，连话都不敢说了；熟人在路上遇见，既不寒暄也不聊天，只是互相对视一下。

这种情景，又给中华民族贡献了一个成语，叫"道路以目"。

普天之下，鸦雀无声。明智的帝王，会知道这是"爆发前的沉默"，这种安静，很可怕；周厉王却不这么想，反倒很高兴。

他要和召公谈谈。

对，就是那个对他说"人民已经不堪忍受暴政了"的召公。

他有点得意地对召公说：

"怎么样？四年之前，你说老百姓有怨言，经过我的治理，老百姓已经没有怨言了！"

召公叹了一口气，说了很长一段话。

核心的意思就是：你这哪是治理怨言啊？你这是在"堵"啊！你堵住了人民的嘴，其后果，比堵住河水还严重！

"防民之口，甚于防川"这句名言，就出自这里。

大水会因为堵塞而溃决，会伤害很多人；堵人民的口，也是同样的道理啊！纵观整个历史，堵住人民的口，而又成就大业的，有几个呢？

他说了很多，估计周厉王都听得打瞌睡了。

周厉王的回答是两个字：不听。

🏵 国人暴动

报应来得很快。

仅仅过了三年，周厉王就狼狈逃窜了。

因为，都城的百姓都起来反抗他，诸侯们也一个一个背叛了。

他再不跑，就被打死了。

这就是历史上有名的"国人暴动"。这一年，是公元前841年。

等等！……"国人"的暴动？

可你前面又说，是周的都城镐（hào）京（周武王虽然指定在雒邑建都，但事实上西周的都城还是在镐京）的百姓来反抗他啊？怎么是"国人"呢？

在这里，不得不说说刘邦了。

都是刘邦惹的祸。

在古代，"邦"和"国"的意思是不同的。邦，就是今天意义上的国家；国，则指城市。

所以，西周时期的"国"，指的是城市；"国人"自然就是城市里的老百姓了。

刘邦是汉朝的开国皇帝。可他出身的家庭，却是"穷得叮当响"。穷到什么程度？穷到连名字也没有。

父母给他取的所谓"名字"，叫刘季。季，在古代的意思，就是排行，排行老小或者老四，都叫季。所以刘季相当于"刘四"或者"刘小"，连个正规的名字都算不上。没想到有朝一日自己还能当皇上，堂堂皇帝连个正式的名字都没有，就让人笑话了。于是刘季绞尽脑汁，给自己重起了个名字——刘邦。

他没什么文化，改名时大概没想到世界上还有"避皇帝讳"这回事儿。

古代有个要命的规矩：皇帝的名字要避讳，不能直接说出来或者写出来，要么用别的字代替，要么缺一笔。

文臣们一看，傻眼了。皇帝叫邦，谁还敢张口一个邦、闭口一个邦？皇上不懂规矩，咱懂呀！

既然皇帝改名，咱们也改吧。人们于是约定俗成，用"国"来代替"邦"字。从此，"国"就取代了"邦"的含义，变成"国家"的"国"了。

在西周，还没有这个忌讳，古籍中依然用"国"字来表示城市。所以"国人暴动"，就是城市里的市民暴动，而不是都城外的百姓造反。如果外面的百姓起义，周厉王说不定还有机会组织士兵抵抗一下；没想到变乱发生在内部，他也没招了，只好撒丫子跑路。

⚮ 偷梁换柱

有一个很传奇的故事，名字叫《赵氏孤儿》。

春秋时代，晋国的大臣程婴，为了保护赵氏家族唯一的遗孤，不惜用自己的婴儿冒充赵氏孤儿；自己的孩子被杀，赵氏遗孤却幸存了下来。

在国人暴动时，也发生过类似的事情。

都城老百姓赶走了周厉王，余怒未消，也担心周厉王的子孙报复，决定斩草除根，把太子赶走。

太子名叫姬静。

他发现情况不妙，跑到了大臣召公家里。相比而言，这里比

王宫安全。

因为召公多次劝谏周厉王不要防民之口，在百姓中间，声望较好。

没想到，老百姓们发起火来，正如召公所言，像发了狂的洪水一样，挡都挡不住。

他们听说太子躲在召公家里，便包围了召公的住宅，要求他交出太子。

真是好人难做啊。召公陷入了极度的矛盾之中。

自作孽不可活，周厉王作孽，连累太子；百姓杀太子，冤有头、债有主，责任在他爹周厉王，和我没啥关系。召公大概也这么想过，但随即否定了自己的想法。

他说了这么一段话——《史记》没说是对谁说的，很可能是对着家人说的：

"从前，我屡屡劝谏大王，大王不听，造成了这次灾难。现在，如果任由百姓闯进来，杀了太子，倒是一了百了，可是，大王会怎么认为？他会不会认为，是我怨恨他，故意让人杀死太子的呢？我侍奉国君，就算身处险境，也不该仇恨怨怒啊！"

这段话能看出召公的忠心，但也能看出他有些"愚忠"；周厉王的统治如此暴虐，他心里想的，却还是"别让大王误会我"。

最终，他让自己的儿子冒充太子，把他交给了暴动的百姓。

召公之子后来怎样，《史记》没说，很可能是被百姓打死了。

太子因此得以逃脱，十四年后继位。

🏵 共和执政

国不可一日无君。

太子虽然活着，却不能执政（因为没有登基）；何况百姓对太子依然敌视，万一知道他还活着，弄不好继续造反。

于是，周公和召公代理执政，历史上称为"共和执政"。

需要指出的有两点：

第一，这个周公，不是周武王时代的周公，而是周公的后代，继承了祖传的爵位，因此也叫周公。召公也是如此，翻翻《史记》，西周的召公不少。

第二，周公、召公代理执政，只是《史记》的说法。关于"共和执政"，有好几种说法，比如有人认为是"共伯和"（"共"这个地方的诸侯，名字叫"和"）执政。

但无论如何，"共和执政"都是西周历史上的重大事件。

这种天子逃跑、大臣执政的情况，持续了十四年。

十四年后，周厉王在偏远的彘（zhì，地名）死了，太子终于可以登基了。

太子姬静做了天子，这就是周宣王。

画外音：大周的创业者周武王，为了让自己的统治稳固，整夜失眠，睡不着觉，担心自己背离了人民的利益，所以施行德治。周公执政，继承了这一方针，西周前半期，保持了稳定。

　　但是，不管是古代的王朝，还是今天的家族企业，从来都是"创业容易守业难"。创业者经历了开疆拓土的艰辛，知道成功来之不易，更知道民心向背是事业发展的决定性力量；守业者没经历这样的艰辛，地位、荣誉都是天上掉下来的，容易骄傲自满、自损根基，断送了祖辈们来之不易的胜利果实。

　　有句俗话，叫"富不过三代"，正是这个意思。警惕啊！

【原著精摘】

　　王行暴虐侈傲，国人谤王。召公谏曰："民不堪命矣。"王怒，得卫巫，使监谤者，以告，则杀之。其谤鲜矣，诸侯不朝。

　　三十四年，王益严，国人莫敢言，道路以目①。厉王喜，告召公曰："吾能弭谤②矣，乃不敢言。"召公曰："是鄣③之也。防民之口，甚于防水。水壅而溃，伤人必多，民亦如之。是故为水者决之使导，为民者宣之使言。故天子听政，使公卿至于列士献诗，瞽献曲，史献书，师箴，瞍赋，矇诵，百工谏，庶人传语，近臣尽规，亲戚补察，瞽史教诲，耆艾修之，而后王斟酌焉，是以事行而不悖。民之有口也，犹土之有山川也，财用于是乎出；犹其有原隰衍沃④也，衣食于是乎生。口之宣言也，善败于是乎兴。行善而备败，所以产财用衣食者也。夫民虑之于心而宣之于口，成而行之。若壅其口，其与能几何？"

　　王不听，于是国莫敢出言。三年，乃相与畔，袭厉王。厉王出奔于彘⑤。

【注释】

　　①道路以目：指在路上碰到了熟人，话都不敢说，只敢用眼睛对视一下。

　　②弭谤：指（让人）停止批评。弭，消，止。谤，批评。

　　③鄣：堵塞。

　　④原隰衍沃：宽阔平坦的地方叫原，低下潮湿的地方叫隰，低下平坦的地方叫衍，有河流灌溉的地方叫沃。

　　⑤彘：地名，在今山西省境内。

【译文】

厉王暴虐无道，放纵骄傲，国人都议论他的过失。召公劝谏说：“人民已经不堪忍受了！”厉王很生气，找来一个卫国的巫师，让他监视那些议论的人，发现了就来报告，立即杀掉。于是议论的人少了，可是诸侯也不来朝觐了。

厉王三十四年，统治更加严苛，国人没有敢开口说话的，在路上遇见也只能互递眼色示意。厉王很高兴，对召公说：“我能消除人们对我的议论了，谁都不敢说话了。”召公说：“你只是把人们的话堵住了而已。堵住人们的嘴巴，要比堵住水流更厉害。水蓄积多了，一旦决口，一定会伤害很多人，不让民众说话，道理也是一样的。所以治水要以疏导为主，管理人民，就要让他们畅所欲言。因此天子为了了解下情，要让上自公卿、下至列士的人都献诗，让盲乐师献曲，让史官献书，让少师进言劝谏，让无眼珠的盲人叙事，让有眼珠的盲人朗诵，让百工劝谏，让庶人聊天讨论，让近臣都来规劝，让亲戚补察过失，让音乐师和史官来教诲，让老人来整理，而后由帝王斟酌，这样政令就会得以施行而不违背情理。老百姓有嘴，就像土地上的山川是财货之源，平原沃野是衣食的来源。让人开口讲话，好事坏事都能反映出来。做好事而防备坏事，是财货和衣食的真正来源。民众心中的思虑从口中表达出来，考虑好了就实行它。把他们的嘴堵起来，统治怎能长久呢？”

厉王不听劝谏，国人更不敢说话了。过了三年，老百姓一齐造反，攻击厉王。厉王逃到彘这个地方。

最贵笑颜：烽火戏诸侯 一笑丢江山

带着问题读《史记》

1.西周末年，发生了一次著名的地震。这次地震，发生在什么地方？

2.商纣王宠爱妲己，商灭亡了；周幽王宠爱褒姒（bāo sì），西周亡了。这些王朝的覆灭，真的是因为宠爱女人吗？

◎ 西周东周

周，分为西周（公元前 1046 年—公元前 771 年）和东周（公元前 770 年—公元前 256 年）。

奇怪的是，我们很少直接说"东周"这个朝代，却经常用"春秋战国"来代替。

这是为什么呢？

因为东周时代，周天子的势力已经大为衰落，对诸侯失去了控制权。很多时候，周天子只是名义上的首领，根本不受诸侯待见；周天子直接控制的领地越来越小，而且饱受诸侯欺侮，直到最后

被秦灭掉。

所以，东周时期，周对天下的所谓控制，只是一个空架子而已。拥有实权的，是各路诸侯，尤其是霸主；诸侯你争我抢，好不热闹。

诸侯争霸、战国争雄的特点，在这个时代十分突出，导致它隶属周朝的特点反倒不明显了。所以，人们更习惯于称其为"春秋战国时期"。

真正意义上的周朝，就是西周。

为什么叫"西周"呢？因为它的都城在西边的镐京。

周平王登基后，把都城迁到了东边的雒邑——也就是周武王当年指定的都城。所以这个时期，就叫东周；以镐京为都的周朝，就叫西周了。

周平王为什么要东迁呢？在镐京不好吗？

他东迁，是因为老爹周幽王的暴政。

而这一切的导火索，居然是一个玩笑。

◎ 宣王登基

周宣王的天子之位，可谓来之不易，过程十分坎坷。

国人暴动的时候，如果不是召公用自己的儿子顶包，恐怕死的就是他了。

好不容易逃过一劫，却面临着无法掌权的尴尬。

因为老爹周厉王虽然逃跑了，但还活着；他活着，你就没有继位的正当理由。

不继位，天子不在家，太子当家，也正常——这在历史上叫"太子监国"，历朝历代经常出现。

比如皇帝出巡了，无法分身，家里的事还得管，就托付给太子；或者皇帝觉得自己年龄大了，想锻炼一下太子，也会让太子监国。

如果情况正常，天子出逃，理应太子执政；但这个时候恰恰情况不正常，都城的老百姓余怒未消，召公瞒天过海，大家都以为太子被打死了。这时候太子出来掌权，岂不是自找麻烦？

所以，朝政就顺理成章地由周公和召公来执掌。

周公和召公都是王公贵族，也是周文王的正统后代，且根基深厚。他俩若是哪个人有了非分之想，废掉太子、自己登基，也不是不可能的。

太子肯定有此担心。所幸，有惊无险。

十四年后，周厉王死去，当年闹事的老百姓也把打死"太子"的事情忘得差不多了，周公和召公便拥立太子继位，太子变成了天子，就是周宣王。

来之不易的王位，理应好好珍惜。

一开始周宣王做得还不错。一是因为有周公和召公的辅佐，二是他吸取了老爹周厉王的教训。这段时间，大周可谓政治修明，仿佛周文王、周武王时代的风气又回来了。

诸侯发现了这种变化，重新把大周作为宗主，前来朝拜。

然而，周公、召公毕竟老了，总有去世的一天；而周宣王是西周历史上执政时间第二长的天子，长达四十六年，仅次于周穆王的五十五年。

四十六年待在唯我独尊、说一不二的"天下第一人"的位置上，很难让人保持平和的心态。

亡国之兆

周朝重视农业，历朝历代的天子都有"亲耕之礼"，天子亲自耕种一块土地，表示不忘本和对农业的重视。

当然了，贵为天子，也不可能让你亲自干多少活，去意思意思就好，主要目的是让天下百姓以天子为榜样，认真干活，把地种好。

可就这么一种形式，周宣王也懒得干。他有上千亩的农田，是专门用来"亲耕"的；亲耕之礼被周宣王荒废，估计这些地也都荒芜了。

这样影响不太好。你想想，百姓看不见王宫里的天子，可是能看见这块地啊！天子都不以身作则、好好种地，我们还种什么地？

于是，就有大臣劝谏周宣王："亲耕之礼，是祖宗流传下来的好习惯，虽然有点形式主义，但带动效果很好，不能荒废啊！"

宣王不听。

不种地倒也罢了，他还扰民。周宣王的部队在南方打了败仗，他不知道哪根筋不对，非要在太原"点阅"百姓，也就是对老百姓进行户口统计。

那个时候，没有规范的服兵役制度，"兵"和"民"的界限不清晰，打仗的时候，有的全家的男丁，都被抓去当兵。弄清了一个地方的人口，就知道这个地方有多少兵源了。

搞调查统计是个好事儿，毕竟没有调查就没有发言权。关键的问题是，你"越级"了——这不是天子该干的事儿，让官员们去干就行了。而且，别的地方不管，非调查太原的百姓，算不算歧视？

大臣们劝谏他："老百姓是不能随便点阅的，也不能由天子亲自点阅。"

宣王还是不听。

执政四十六年后，把天子宝座差点坐成酱缸的周宣王，总算去世了。

他的儿子继位，这就是西周最后一任天子——周幽王。

周幽王执政时间不长也不短，一共十一年。这话用另一种方式来"翻译"一下，就是：周幽王仅仅用了十一年时间，就把祖宗留下来的、绵延二百多年的江山，给葬送了。

而他仅仅继位一年多，也就是周幽王二年，发生了一件震动全国的大事：泾水、渭水、洛水一带，发生了大地震。

地震不仅导致三条河干枯断流，甚至周先祖的重要发源地之一——岐山，也崩塌了。

在当时人看来，这是亡国之兆。

那么，西周的灭亡，是因为这次地震吗？

显然不是。

◉ 喜新厌旧

商纣王宠爱一个妃子，名叫妲己，商朝灭亡了。

周幽王宠爱一个妃子，名叫褒姒（bāo sì），西周灭亡了。

于是很多人——包括历朝历代的很多权威人士，都说"女人

是祸水"，这些帝王因为宠爱女人，所以亡了国。

这是不对的。

亡国不是因为女人，而是因为帝王自身、帝国自身。帝国衰败到了腐烂的程度，那它就不可能不亡；帝王暴虐到一定程度，人民必然造反、统治必然被推翻。这和女人无关。

对宠妃的过度宠爱，只是帝王暴虐无道的一个表现而已。

但历史上，这样的"替罪羊"很多。

今天的故事，就是关于褒姒的。

可以说，西周灭亡，就灭亡在褒姒的"一笑"；然而这一笑，和褒姒无关，和周幽王有关。

周幽王的正妃，也就是王后，是诸侯申侯的女儿。

女儿嫁给了帝王，本来是件令人高兴的事情。

然而王宫深不可测，帝王的性情也是变幻莫测。

仅仅两三年的时间，周幽王就冷落了王后，宠幸一个新的妃子——褒姒。

申后给周幽王生了一个儿子，名叫宜臼。因为母亲是王后，宜臼就是"嫡长子"，顺理成章地被立为太子。

对褒姒的宠爱，让周幽王开始厌倦甚至憎恶申后。他想废掉申后，把褒姒立为王后。

而褒姒也很"争气"，给周幽王生了一个儿子，名叫伯服。这样，如果褒姒做王后，就可以顺便把太子废掉，改立伯服为新太子。

中间大概也经历了一些曲折、争斗，如今我们不得而知了。

但无论如何，结果是周幽王达到了自己的目的，顺利地废掉了申后和太子，褒姒成了王后，伯服成了太子。

这次废立，为西周的灭亡，埋下了祸根。

它造成了两个直接后果：

一是申后的父亲、诸侯王申侯，听说此事后，勃然大怒，有了谋反之心，后来也正是他给了西周最后一击，灭了周幽王。

二是让周幽王更加离心离德，从大臣到百姓，都感到天子已经无可救药了。

史官伯阳甚至搬出以前的史料故事，大声感叹："周要灭亡了！"

周幽王却丝毫没有警醒，在错误的道路上越走越远。

"烽火戏诸侯"的故事，终于到来。

◎ 烽火戏诸侯

褒姒虽然深得周幽王宠爱，却有一个毛病：不爱笑。

这或许是天性使然，或许是因为宫廷生活寂寞，她见惯了各种钩心斗角，所以笑不起来。

周幽王的心思，似乎从来就没有放到朝政上，而是放在了研究"如何让褒姒笑一笑"这个课题上。

——有这样的脑筋，用在给老百姓做点好事上，该多好啊！

周幽王用了很多方法，褒姒还是不笑。

于是，这位大王决定"玩个大的"。

古时候信息传递不方便，到一个诸侯国，骑马去也要好几天，

有的地方甚至一走就是大半年。

这种情况下，万一遇到外敌入侵，需要其他兄弟部队迅速支援，怎么办？光靠骑兵传送消息，不等消息传到兄弟部队驻地，这边仗就打完了。

古代人民发挥聪明才智，创造了"烽火台"。烽火台一个接一个，连成一条线，这边发现敌情，马上点燃烽火；下一个烽火台看到，也迅速点燃，消息得以迅速传递，很快友军就知道了。

这是当时传递信息的最快方式。

都说"国事不可儿戏"，周幽王偏偏打起了烽火台的主意。

这一天，他带着褒姒到高台上，命人点燃了烽火。烽火一个接一个，警报迅速传到了其他诸侯国。

诸侯国一看，烽火燃起，说明天子遭到了敌人的攻击，马上紧张起来，迅速组织部队，前往都城救援！

诸侯们赶来，到了都城外，一切都很安静，什么都没发生。诸侯们一个个"丈二和尚摸不着头脑"，都傻在了那里。

看到平素一本正经的诸侯、伯爵们，如今傻乎乎、被人玩弄的样子，褒姒果然大笑起来。

◎ 亡国之笑

周幽王得意了。"课题实验"很成功，褒姒果然笑了！

于是，他故技重施，屡屡点燃烽火。然而，别说"事不过三"，有这么两次，诸侯就受够了；即便看见烽火点燃，也不来了。

这是一个现实版《狼来了》的故事。

而且，"狼"真的来了。他们就是西北方向，一个强悍的少数民族，名叫犬戎。

女儿被废掉王后之位，申侯对周幽王十分怨恨，但自己的实力无法和天子抗衡，于是他一狠心一跺脚，决定"引狼入室"——借助犬戎的力量，攻打周幽王。

为确保反叛成功，除了犬戎，申侯还联络了缯（zēng）国，联合向周的都城进军。

这回真有敌情了。周幽王慌了，也顾不上让褒姒出来看热闹了，火急火燎地让人点燃了烽火。

然后，等吧。左等，没人来；右等，没救兵。

是啊，都被你玩弄过好几次了，谁还当真？

后面的事情就简单了：援军来不了，镐京被攻破，周幽王被杀，褒姒被掳走，犬戎劫掠大批财物后离去。

周幽王死了，褒姒作为王后，也被掳走了，诸侯们赶来收拾周王朝这个烂摊子。

他们拥立原来的太子宜臼登基，这就是周平王。

此时，犬戎已经对都城镐京构成严重威胁，周平王决定把都城迁到雒邑。

平王东迁，意味着西周的结束，东周走上了历史舞台。

【原著精摘】

　　褒姒不好笑，幽王欲其笑万方①，故不笑。幽王为烽燧②大鼓，有寇至则举烽火。诸侯悉至，至而无寇，褒姒乃大笑。幽王说③之，为数举烽火。其后不信，诸侯益亦不至。

【注释】

　　①万方：（使用了）很多种方法。

　　②烽燧：即烽火台，古时用于点燃烟火传递重要消息的高台，系古代重要军事防御设施，是为防止敌人入侵而建的，遇有敌情发生，则白天施烟，夜间点火，台台相连，传递消息。是最古老但行之有效的消息传递方式。

　　③说：通假字，通"悦"，高兴之意。

【译文】

　　褒姒不爱笑，幽王为了让她笑，用了各种办法，但褒姒就是不笑。周幽王设置有烽火台和大鼓，如果有敌人来侵犯就点燃烽火，召集诸侯来救。周幽王为了让褒姒笑，点燃了烽火，诸侯见到烽火，都从四面八方赶来了，赶到之后，却不见有敌人来犯，而褒姒看着诸侯受骗的样子果然哈哈大笑。幽王很高兴，因而又多次点燃烽火。后来诸侯们都不相信了，更不肯来了。

今非昔比：憋屈的天子　靠霸主拯救

1.为什么说东周时期的天子是"鸡肋"？

2.思考一下，既然是"鸡肋"，为什么还有那么多人争抢？

◎ 两个周国

和西周相比，东周的所谓"天子"，实在憋屈得很。

领地越来越小，天子不受人待见，被"霸主"们呼来喝去不说，还动不动受人欺负……

西周时期，虽然诸侯在自己的领地上也算"土皇帝"，有高度的自主权，但周天子这个"家长"，还是有威严、有威信，很多时候是说了算的。

东周时期的周天子，前半段，基本上"被糊在了墙上"——成了没用的画像，只是一个摆设、空架子；后半段，就连家长的空架子都没了，直接成了孙子。

东周的天子，一定非常怀念西周。

家长失了权威，管不了这个家了，孩子们（诸侯国）就开始打群架，互相争夺，打赢了的，就当上了实质上的家长。

所以，东周时期，是"你方唱罢我登场"，一片乱战，热闹非凡。

东周的周考王做天子的时候，把自己的弟弟封到了黄河以南，在周都城的西边，这就是西周桓公。这就是西周国。

周桓公的后代还嫌不够乱，他的孙子周惠公，把自己的幼子封在了东边的"巩"地，称为"东周"，这就是"东周国"。

所以，很多人读周朝历史的时候，读着读着就读糊涂了，因为"周"确实有点复杂。中国历史上，其实有四个"周"：

一个是作为王朝的西周，王朝首领是天子，全天下诸侯的领袖；

一个是作为朝代的东周，包括春秋、战国两个时期，最高领导人也是天子；

另外两个，就是东周时期的西周国和东周国，国君都称为"公"，属于周天子的近亲，但也是天子领导下的诸侯国。

到了东周的末代天子——周赧（nǎn）王时期，天子被诸侯欺负得实在混不下去了，领地狭小，日子日益艰难，周赧王一想，我还是投亲靠友去吧！

周赧王把都城迁到了西周国，等于周王朝和西周国合并了。

所以到了末期，历史上有西周国和东周国两个国家，什么天子不天子的，已经没人当真了。

夺园之变

有个成语叫"玩物丧志"，意思是一个人如果沉溺于某种游戏，就会整天浑浑噩噩，丧失前进的动力和志向。

普通人玩物丧志，坑的是自己和家人；天子玩物丧志，坑的就是国家和百姓了。

周天子虽然权威衰落，内部依然争斗不已；都知道天子是"鸡肋"，可还是有无数人前赴后继，争夺鸡肋。

东周从第一任天子周平王算起，到第五任，天子成了周惠王。

周惠王白瞎了谥号中的"惠"字。

他喜欢什么呢？禽兽。

他想建造一个饲养禽兽的苑囿（yòu），通俗点说，就是建设一个大的动物园。

这本没什么不好，人与动物和谐相处，世界才和谐。

问题是，当时诸侯强大、天子弱小，自己直接控制的领地，已经越来越小；但既然贵为天子，还是要死要面子，一切都要按照天子的格局来。所以这个动物园的规格、面积，应当是很大的。

规划的时候，按照高标准；真正测量土地的时候才发现，自己的领地，实在捉襟见肘，找不到合适的地方。

最后终于找到一块地，不过已经"名花有主"了——这不是天子的地，而是大臣的地。

而且，大臣的地也不是荒草地，人家用着呢，种着花果，算是个果园吧。

已经没落的周天子，此时还没有摆正自己的位置，满脑子还是"普天之下莫非王土、率土之滨莫非王臣"，理论上讲，天下

都是我的，我祖宗既然当年可以把土地赐给你祖宗，今天我自然也可以把赐给你的土地要回来。

于是，周惠王强行夺了大臣的园囿，用来建设"天子动物园"。

大臣炸了。

天子这么做，不仅是看不清形势，而且违背了周文王以来，大周对农业格外重视的传统，相当于违背了"家法"。

园囿虽然不是种植农作物，但和农业是沾边的；养动物，就完全背离农业了。

何况，你还无理地抢夺了大臣的土地。

何况，你已经不是当年的周天子了！

这个时候造你的反，就说你违背祖宗的规矩，横行霸道，机会正好。

有五个大臣借机造反，联合燕、卫两个国家的军队，攻打周惠王。

周惠王一看形势不妙，撒丫子跑了。

都城的大臣们，于是拥立周惠王的一个叔叔，名字叫"颓"的，做了天子。

颓，颓废的颓。

◎ 颓废天子

这个颓天子还真名副其实，比较颓废。

他倒是不盖动物园了，却整天宴饮作乐，命人唱歌、奏乐。

这天子之位，仿佛就是天上掉下来的大馅饼，他不怎么珍惜，结果才一年多就把命给搭上了，连谥号也没留下。

他沉溺于歌舞音乐、宴饮作乐，惹恼了郑国和虢（guó）国的国君。两个国君联合，三下五除二，把颓给杀掉了。

杀掉了颓，他们又把逃亡在外的周惠王迎回来。算起来，周惠王在外流亡的时间，也就两年。

所以颓当天子的这段经历，直接就被大周的年谱给忽略掉了。

天子不同于普通人，做事要很讲究，细微的地方，也不能随便。

郑国和虢国的国君，杀死了颓，把周惠王接回来之后，周惠王有件事情，做得不妥当。

那就是这两个国君的奖励问题。

逃亡的天子终究也还是天子，虽然没什么实权，面子上的事情，还是要做的。于是周惠王赐给了虢国国君一个酒爵（饮酒的器具）。

酒爵不是什么稀罕东西，郑国当时的国君郑厉公也不在乎一个酒爵；问题是，酒爵是作为"迎回天子有功"的奖励而颁发的，两个人都有功劳，你只给虢国国君，不给郑国国君，就显得没水平了。

当时看来，这是件微不足道的小事。谁也想不到，此事却在他们的后人中引发了纠纷。

老爹欠下的债，儿子来还。

◎ 数典忘祖

周惠王在位二十五年后去世，儿子姬郑继位，这就是周襄王。

　　周襄王的名字里面有个"郑"字，可他偏偏和郑国不对付，难道是逆反心理？

　　他爹给儿子起名"郑"，原因不得而知；但想一想，周平王东迁的时候，得到了郑国的帮助；周惠王被迫流亡的时候，也是郑国帮忙，杀死了颓，迎回了惠王。周惠王在位二十五年，流亡的时候刚登基一年多，还很年轻，恰在那时候生了儿子，为了让儿子记住郑国的功劳而取名"郑"，是有可能的。

　　问题是，如果给儿子取名"郑"，确有如此含义，那干吗还舍不得区区一只酒爵呢？

　　真的是觉得关系好无所谓吗？

　　然而"天子的事无小事"，必须处处谨慎，否则就会出问题。

　　总之，名字里带着个"郑"字，父亲又受过郑国帮助的周襄王，对郑并无感恩之心。

　　他仿佛认为，周是天子，郑是诸侯，帮助周惠王是郑应该做的，理所应当，不必感谢。这种思路之下，出问题了。

　　周襄王十三年，郑国讨伐另一个相邻的诸侯国——滑国。

　　虽然此时天子已经有名无实，周襄王还是不知好歹地想摆摆天子的架子，企图从中说和，让郑国别再攻打滑国了。

　　这倒不算坏事，毕竟，劝人减少纷争、避免战争，对天下有利、对百姓有利。

　　于是周襄王派了两个大臣，一个叫游孙，一个叫伯服，前往郑国，做说服工作。

没承想，当时郑国的国君郑文公，根本不吃这一套；使臣也成了"肉包子打狗——有去无回"，伯服被郑国扣下了。

郑文公也不含糊，有话摆在了台面上——之所以扣下伯服，原因有两点：

第一，当年你爹周惠王流亡，在我爹郑厉公和虢国国君的帮助下，重新回到了都城。可是，你爹赐给了虢国国君酒爵，却没给我爹，这不公平。

第二，就是你自己的问题了，你凭什么把滑国送给卫国？它之前明明是我们郑的与国。

所以，我扣下了伯服。

消息传到周襄王那里，这个空架子天子勃然大怒，决定教训一下郑国。

可一琢磨，自己这个所谓的天子，根本没多少军队、没多少地，自己打，肯定打不过。

那怎么办？也有办法，找外援。

当时中原的诸侯，早知道周天子就剩了个空架子，没什么实力，也没人待见他，自然更没人看好他兴兵讨郑了。

所以，从中原找援兵，不是很现实。

于是，他想到了翟人。

翟人，就是狄人；狄，就是"戎狄"的狄。

当年周平王被迫东迁雒邑，就是为了躲避戎狄的侵袭。

从周平王到周襄王，只不过经历了五任、六代天子（周平王

的太子死得早，是平王的孙子继任的，所以是六代人），周襄王就认贼作父，公然和翟人联手了。

有一个成语可以很好地形容他：数典忘祖。

◉ 引狼入室

和大臣们讨论时，此事遭到了大臣富辰的反对。

他把郑文公讲过的道理，重复了一遍：

"我们周王室的东迁，是依靠晋国和郑国才得以实现的。王子颓的政变，是依靠郑国才平定的。大王您现在却因为这小小的恩怨（指郑国扣留使臣伯服）和郑国闹翻，实在不妥当啊！"

周襄王是有个性的人，自然不听。

两年后，翟人的部队打着天子的旗号，讨伐郑国。结果如何，《史记》没说，但显然并未对郑国造成太大的影响。

天子却很高兴，因为终于有人开始听从他的命令了。为了表达对翟人的感激之情，他又做了一个荒唐的举动：娶翟人的女子为王后。

引狼入室，让翟人攻击郑国也就罢了，居然还要和翟人联姻！

这太荒唐了！大臣富辰再次劝谏周襄王："大王啊，您可要分出远近亲疏来啊！当年，您的祖先周平王、周桓王、周庄王、周惠王，都曾受到过郑国的帮助，这是血浓于水的关系啊！您怎么能做出让亲者痛、仇者快的事情来呢？"

周襄王还是不听。

有句古话，叫"不听老人言，吃亏在眼前"，果然如此。

娶了翟人之女的第二年，就出问题了。

具体什么原因，《史记》没说，总之一定是出现了比较严重的情况，翟人王后被废黜。

这下，王后老家的翟人不干了。王后才当了一年，你说废就废，也太不拿我们翟人当根葱了！

一怒之下，还是老办法：发兵攻打。

周襄王傻眼了。富辰可以有理由了：瞧瞧，当初不听劝谏，怎么样，来报应了吧？

可是，现在不是抬杠的时候。富辰勇敢地领兵迎战，英勇战死，用自己的愚忠捍卫了一个昏君的生命。

◎ 隐患爆发

周惠王赐酒爵的时候，一个小小的不公平，间接引发了郑国和周襄王的摩擦。

其实，他埋下的隐患，还不止这一个；另一个隐患，对周襄王的威胁更大。

那就是王子带。"带"是他的名字，也叫叔带。

从《史记》记载来看，周惠王应该有过两个王后。

第一个王后，生了姬郑，就是后来的周襄王。姬郑是嫡长子，自然也就成了太子、继承人。可是，姬郑的母亲，很早就去世了。

于是，周惠王又立了一个王后，这个王后等于是姬郑的继母。继母生了一个儿子，就是叔带。

因为是王后生的，所以叔带也是嫡子，只不过不是嫡长子。

新王后一直想让周惠王废掉姬郑，把叔带立为太子。好在有惊无险，老爹没有要换人的意思，姬郑保住了太子之位，老爹死后，顺利登基。

老爹一死，叔带更加无所顾忌。周襄王三年，他密谋和戎翟联合，攻打周襄王。不料，事情被周襄王发觉，要杀叔带，叔带仓皇出逃，逃到了齐国，寻求庇护。

在"春秋五霸"之首的齐桓公的调停下，此事勉强算是压了下来。但只要叔带活着，这就是一大隐患。

周襄王十六年，此时距当初叔带出逃，已经过去了十三年。

周襄王引狼入室，娶翟人女子又废黜，翟人大举攻周。

这么好的机会，岂能错过！潜伏了十三年的叔带，趁机作乱，让自己在周都城埋伏的人作为内应，引导翟人顺利地攻入都城。

没想到十三年的隐患此时爆发！真是喝口凉水都塞牙。周襄王此时也顾不得天子的面子了，狼狈出逃。

他逃到了哪里呢？居然是郑国。

那个他一开始曾经引入翟人、攻打过的郑国。

◎ 天子"巡狩"

真是灰头土脸，面子丢大发了。郑国国君不好好挖苦他才怪：郑对你和你祖宗这么好，你却忘恩负义，攻打郑国；你黑白不分、瞎了双眼、认敌为友、引狼入室，把好好的都城丢在了翟人手里；

你被人追着打，屁滚尿流，最终还是我们好心的郑国，收留了你！

好心当了驴肝肺，郑国这回心也彻底凉了。你周襄王来就来呗，给你口饭吃，给你个地方住，已经是天大的面子了。想让我们帮你杀死叔带、赶走翟人，没门！

周襄王厚着脸皮来到郑国，自然也是相当尴尬，不敢有什么要求。思来想去，还是放下架子，找霸主们给天子做主吧！

毕竟，此时的天子，已经今非昔比了。

真正相当于天子地位的家长，前些年是齐桓公，现在是晋文公。

第二年，周襄王向晋文公告急：帮帮弟兄吧，你再不帮忙，我这个天子恐怕要有家难回了！

晋文公倒是乐意帮忙。

毕竟，这个天子虽然落魄，依然是形式上的天子；当年齐桓公的霸主地位，也是最终靠天子的册封（封为"侯伯"，即诸侯之长），而确立的。

虽然只是个形式问题、面子问题，但在中国古代，恰恰是很讲究形式、很要面子的。

所以这个忙，还是要帮的。

晋文公决定出手，已经在周都城称王的叔带，就没救了。他被晋文公诛杀，周襄王得以顺利回到都城，继续做自己的天子。

出救兵，都是有代价的，天子也不例外。

周襄王对晋文公的报答，一是赠送礼物；二是册封其为

"侯伯"——等于正式确立了晋文公的霸主地位；第三最实惠，给晋国割了一大块地。

真是天下没有免费的午餐啊！经历这场风波之后，周天子能控制的地盘越来越小了。

地盘小倒在其次，关键是——更让诸侯瞧不起了。

按道理，周襄王是天子，晋文公是诸侯，从礼节上，理应晋文公去朝拜天子。晋文公不，动不动就"召襄王"：你到某地来一下，咱们开个会！

他俩盟会的时候，诸侯倒是都来朝见了。可是，这哪里是朝见周襄王，分明是朝见晋文公啊！

《春秋》写到这里的时候，都替周襄王害羞，不好意思说他是被晋文公"召去"的，而是很含蓄地说周襄王到某地"巡狩"（视察）去了。

天子当到这份儿上，也挺可悲的。

【原著精摘】

襄王母早死，后母曰惠后。惠后生叔带，有宠于惠王，襄王畏①之。三年，叔带与戎、翟谋伐襄王，襄王欲诛叔带，叔带奔齐。齐桓公使②管仲平戎于周，使隰朋平戎于晋。王以上卿礼管仲。管仲辞曰："臣贱有司也，有天子之二守国、高③在。若节春秋来承王命，何以礼焉？陪臣④敢辞。"王曰："舅氏⑤，余嘉乃勋，毋逆朕命。"管仲卒受下卿之礼而还。

【注释】

①畏：害怕。

②使：派遣，命令。

③国、高：指当时齐国的两个上卿国氏和高氏。国氏和高氏受周王室之命，世代为齐相，所以称为"天子之二守"。

④陪臣：管仲是齐桓公的臣子，齐桓公又是天子的臣子，所以管仲自称"陪臣"。

⑤舅氏：齐太公的女儿嫁给了周武王做王后，所以周王室称齐为舅家。

【译文】

襄王的母亲死得早，继母名惠后。惠后生叔带，叔带受到惠王宠爱，襄王很担心。周襄王三年，叔带与戎、翟策划攻打襄王，襄王要杀叔带，叔带逃到齐国。齐桓公派管仲来到周平定戎，派隰朋出使晋，让晋协助平定戎。周襄王用上卿之礼对待管仲。管仲辞谢说："臣是身份低贱的官吏，在齐国还有天子任命的上卿国氏和高氏在。如果到春秋两季，按照朝聘礼节来朝拜大王，他们又该用什么礼节呢？我只是诸侯的臣子，请求免去此礼。"王说："作为舅舅家的人，我要奖励你的功劳，不要违抗我的命令。"管仲最终只受下卿之礼而归。

说客凶猛：三寸不烂舌　借兵可修城

带着问题读《史记》

"百步穿杨"这个成语故事的主角是谁？

古代中国，一直很看重"正统"二字。

最后一任周天子周赧（nǎn）王，虽然执政时间长达五十九年，却没过上几天舒坦日子——当然，心情上还是舒坦的，堂堂天子，就算成了空架子，生活条件也是优越的。

在这个天子四处受夹板气的时代，却有一类人活得很快活，活得游刃有余。

他们的名字，叫说客。

周天子手下著名的说客，有兄弟两个，分别是苏代和苏厉。

这兄弟俩有个名气更大的哥哥——苏秦。

兄弟三人，都是当时著名的说客。

今天重点说说苏厉的故事。

◎ 百步穿杨

周赧王三十四年，此时秦国力量已经十分强大，其他诸侯国人人自危；秦国名将白起，用兵如神，连续攻城略地，现在，终于打到了西周国的家门口。

白起正准备攻打梁国，一旦攻破，西周国就十分危险了。

"大王何不派人去游说白起，劝他罢兵呢？"苏厉对周赧王说。

这样的大将、武夫，很有主心骨，如何游说得动？周赧王不免怀疑。

自然是有办法啊，苏厉说，使臣见了白起，可以给他讲个故事。

故事是这样的——

楚国有个人，名叫养由基，非常善于射箭。在距离柳树叶百步之外，射柳叶百发百中。他表演射箭的时候，身边围观的有时达到几千人。

这么精准的箭法，却被一个人无视了。有个人在养由基的旁边说道："嗯，不错，可以教你射箭了。"

养由基很生气，我这么牛，还用你来教？于是扔下弓，提着剑，对那人说："外地佬，你有什么资格来教我射箭？"

那人说："我不是教你如何射箭，而是要教你见好就收、急流勇退。你箭法这么好，大家都知道你百发百中，也会觉得你永远百发百中；但只要是人，就有疲劳的时候，万一哪天你胳膊一软，箭射偏了，一辈子的名声就毁了。"

苏厉接着说，只要把这个道理讲给白起，会有一样的效果。白起是个常胜将军，几乎没打过败仗；这次却要冒险，绕远道通过两周（西周国和东周国），去攻打梁国。一旦冒险失败，就会一着不慎、满盘皆输，一辈子的名声和功劳，全毁在这里。

讲了这些道理之后，就可以劝说白起，让他告病退休，不再远征了。

遗憾的是，秦国实力越来越强，就算游说成功、白起退休，也无法阻挡秦的攻势了。

画外音：苏厉的建议，富含人生哲理，被很多人当成了人生箴言。

他给我们的启发是：人要学会见好就收，知道功成身退，不要贪得无厌。

历史上很多功臣，一味追求功绩，功劳很大，最后的结果却是功高震主（功劳盖过了君主），落得兔死狗烹的结局。

值钱利嘴

春秋战国时期，说客仅凭三寸不烂之舌，为国家争得实际利益的情况，是很多的。

比如有一次，因为楚国攻打韩国，韩国就派人向东周国索要粮食和武器，东周的国君很担心，就派苏厉的哥哥苏代前往韩国游说。

苏代不仅说得韩国不再索要东西，甚至白给了东周国一块地。

——真是一张值钱的嘴啊！

周赧王四十二年，大臣马犯作为谋士，也做了一件大事。

此时，距离周彻底灭亡，只有十来年的时间了。周赧王哪里还敢以天子自居？天子，已经成为美好的回忆了。

混战的年头，保住小命就不错了。

可保命也不容易，因为周的城墙，破损得比较厉害了。

周如今已经是小国中的小国，只有挨打的份儿，地小人少，赋税少得可怜，没有钱和人力来修筑城墙了。

难道就这么城墙洞开，坐地等死？

周赧王于是找大臣来商量修筑城墙的事情。

大臣马犯是个聪明人，也是个精明的说客。他对周赧王说："大王别急，我有办法。最近秦国不是正在和梁国（魏国）闹矛盾吗，我看，就让梁国的士兵来帮我们修城墙吧！"

听到这番话，周赧王和其他大臣一个个大眼瞪小眼：让梁国士兵来修城墙？他们哪会这么听使唤？异想天开吧？

"既然我这么说了，肯定就有办法。"马犯倒是胸有成竹。

周赧王一想，死马当活马医，让马犯去试试吧。

◎ 左右逢源

马犯于是出使到梁国，见了梁王（这时候，诸侯基本上都称王了），对他说："秦兵太可怕了，整天在西周国附近徘徊。我们的周王都被吓病了。周王如果死了，我马犯少不了也得死。思来想去，我觉得，万一秦兵进攻，只有梁王您能救我。可是，我知道，救人不能白救，所以我就说服了我们大王，让他把九鼎送给您。希望您得到九鼎之后，能够发兵救我。"

九鼎，是周天子的象征，代表着天子的权力。

梁王还是很看重九鼎这个天子标志的，毕竟虚荣心谁都有。

于是答应了马犯，给了他军队，让他带领军队去保卫西周国。

毕竟是梁国的部队，肯定有梁的将领跟随，直接让他们修城，是不可能的。

于是马犯又跑到秦国，对秦王说：

"大王啊，梁派兵到了周，并不是去防卫周，而是攻打周啊！为了保险起见，大王您还是派兵到边境防备一下吧！"

周在梁和秦的中间，梁如果灭了周，打秦国就很方便了。所以，马犯说梁攻打周，秦王会很警觉。

于是，上套了。秦果然派出军队来到边境，观察形势。

一张利嘴，就说服君主调动两国军队，马犯真可谓是左右逢源、游刃有余啊。

⊛ 梁兵修城

计划总体顺利。马犯于是再次来到梁国，对梁王说：

"大王啊，上次跟您说的九鼎的事情，本来回去我就想跟周王汇报，可他病得太厉害，我怕他一激动再呜呼哀哉了，就先没说，等他病好一点再说吧！"

梁王也没办法，只好点点头。

马犯接着说："还有就是您的军队的事情，也有点麻烦。我和您都很清楚，派兵过去，是为了保卫周。可其他诸侯不这么想啊！他们有风言风语，说你图谋不轨、另有所图。虽然身正不怕影子歪，可说闲话的多了，也会影响您的威信啊！"

梁王也知道了秦王在边境部署军队的事情，觉得马犯说得有道理，于是问他："那该怎么办？"

"要不这样吧，不如您派那些军队，替周修筑城墙。这样，其他诸侯就觉得您确实是过去帮助周，而不是侵略周的，也就没法再说您的闲话，而觉得您很讲义气了。"

梁王答应了。

于是，马犯就这样谎话连篇、瞒天过海地帮周修了城墙。

谁让周没钱呢？谁让周没落了呢？

再说，在春秋战国时期的说客们看来，只要达成目的，说谎不说谎、道义不道义的，都无所谓。

在他们眼中，只有利益。

这是我们应该摒弃的。

"修城事件"之后，西周国又维持了十七年的时间。

周赧王五十九年，秦灭掉了西周国；又过了七年，灭掉了东周国。

周朝，从此彻底落幕。

从公元前 1046 年，一直延续到公元前 256 年，周朝的香火，虽然忽明忽暗，却延续了将近八百年。

不得不说，这是个奇迹。

【原著精摘】

　　四十二年，秦破①华阳约。马犯谓周君曰："请令梁城周②。"乃谓梁王曰："周王病若死，则犯必死矣。犯请以九鼎自入于王，王受九鼎而图犯③。"梁王曰："善。"遂与之卒④，言成周。因谓秦王曰："梁非成周也，将伐周也。王试出兵境以观之。"秦果出兵。又谓梁王曰："周王病甚矣，犯请后可而复之。今王使卒之周，诸侯皆生心，后举事且不信。不若令卒为周城，以匿事端。"梁王曰："善。"遂使城周。

【注释】

　　①破：违背，违反。

　　②请令梁城周：请允许我（用计谋）来让梁国的兵为周修筑城墙。

　　③图犯：图的本意是"图谋"，为某人考虑之意；犯指马犯自己。此处意指（到时候）关照一下马犯。

　　④卒：士兵。

【译文】

　　周赧王四十二年，秦违背与梁的协议，攻破华阳要塞。马犯对周君说："请派我游说梁国，为周筑城。"于是去对梁王说："周王病得厉害，如果周王病死，我也必死无疑。我请求把九鼎进献给大王，大王得到九鼎后，希望能保全我的性命。"梁王说："好。"于是派兵给他，声称是守卫周。马犯又去对秦王说："梁派兵并不是去守卫周城，是要攻打周。大王您不妨出兵到边境一带，看看情形如何。"秦果然出兵。马犯又对梁王说："周王病得厉害，我请求等到条件许可时再和他汇报。现在大王派兵前往周，诸侯都产生了顾虑，以后再搞什么行动人家也不相信了。不如让士兵帮助修筑周城，以掩盖最初的目的。"梁王说："好。"于是派兵去修筑周城。

从这里走向统一⋯秦

秦本纪

秦朝是中国历史的分水岭。在它之前的中国，其实是部落联盟或诸侯国组成的『联合国』，受交通条件限制，天子无法对所有领土进行直接控制。秦朝之后，中央的控制力大大加强，中国这时候才算实现了真正的统一。

艰辛创业：王室养马人　领地靠打拼

带着问题读《史记》

秦国的君主，为什么一定要把自己的先祖和"五帝"扯上关系？

◎ 先祖是谁

古人显然没有什么"版权保护"意识。

所以，如果你看到古代帝王给自己的祖宗编造的故事，与另一个极其雷同，笑一笑就好；因为这两个故事，可能都是假的。

换句话说，古代帝王不仅没有版权意识，甚至连真实性都不考虑，造假也是常有的事儿。

秦朝人准备编写历史的时候，必然要大大突出秦国的光辉形象。因为它在统一之前，虽然只是一个诸侯国，但毕竟最后出了一个秦始皇。

可秦的祖先，却不给这个面子。因为他们是养马、造车的。

但既然后代出了秦始皇，始祖也必须和光辉人物有关系。周朝、商朝都是如此，明明没什么关系，也要和帝喾（黄帝的曾孙）扯上关系。

帝喾在"五帝"中的位置，排在颛顼（黄帝的孙子）之后。

秦始皇是目空一切的。在他眼里，自己要创立的朝代，肯定要超过商朝、周朝，自己是"始皇帝"，后面是二世、三世乃至千万世。

所以，自己的先祖，一定也要强于商和周。

既然商、周自认的先祖，和帝喾有关系，那我们就比他高一辈，和颛顼有关系。

于是秦这样描述自己的先祖：

颛顼有个孙女，名叫女修。女修在织布的时候，误吞了黑色大鸟的蛋，因而怀孕，生了一个儿子，名叫大业。

大业于是就成了秦的先祖。

是不是看上去有些眼熟？是的，商朝人也这么描述自己的先祖，只不过主角变成了帝喾的妃子，织布变成了洗澡，也是吞了鸟蛋，然后怀孕。

就连鸟的颜色也一样：都是黑色的。

这样明目张胆的"抄袭"行为，商朝人如果在天有灵，肯定得气死。

没办法，后人中出了个秦始皇，因为秦始皇伟大，所以他的祖先也一定不能太寒碜；这就好比古代的开国皇帝，登基之后第一件事，就是要把父母封为皇帝、皇后一样，是个很重要的面子问题。

父母成了皇帝、皇后，你这皇帝才做得名正言顺。

中国人还是很讲究出身的。

◉ 养马世家

后面的家族史，就靠谱多了。

在舜的时代，秦的先人辅佐舜训练鸟兽，把鸟兽都训练得服服帖帖的。舜很高兴，赐给了他一个姓——嬴（yíng）。

秦始皇的名字叫嬴政，他的姓的出处，就在这里。

身有一技之长，至少就能混口饭吃。秦的先祖们，便一代一代地把训练鸟兽的技艺传承了下来。在马成了重要交通工具之后，重点便转向了驯马。

看上去，这个职业似乎比较卑微，但秦的先人一直保持了勤恳踏实的作风，把卑微的事业做到了极致。

因为水平高，别说百姓，就是王公贵族，也未必请得动他们；他们的主要服务对象，是帝王。

可以说，他们是专职的"御用驯马人"。

会驯马的人，在驾驭马车方面，水准自然也很高。秦人有个祖先，名叫"造父"，就是个驾车高手。

当然，他轻易不给普通人驾车，有资格坐他驾的车的，是当时的天子——周穆王。

周穆王在位五十五年，很喜欢旅游。国内形势安定了之后，有人给他找来了一些骏马，他便命人造车，驾着八驾（在当时来看绝对的豪车），一路往西，开始了一次漫长的"自驾游"。

这次自驾游，有人认为已经到达了今天的新疆，甚至到了今天的中亚国家，路途相当之远。

造父亲自给天子驾车，周穆王"乐而忘返"——乐得都忘了往回走了。

就算宝马豪车、速度很快，这一去至少也要一两年。老虎不在家，猴子称大王，有人趁机在国内叛乱。

周穆王听到消息后，着了急，又让造父驾着车，"一日千里"地往回赶，总算平定了叛乱。

平叛后，论功行赏，造父功劳很大。如果不是他高超的驾车水平，弄不好平叛的大事就耽误了。周穆王于是给他奖励，把赵城这个地方封给了他。造父这一支脉于是用赵作为自己的姓氏。

画饼充饥

秦先祖的另一支脉，则在周孝王时期，因为养马得到赏识，被封在了秦地，依然姓嬴。

不过，秦地处偏远，和西戎很接近，经常遭到西戎的侵扰；在一系列的反复争夺之后，大片土地都被西戎侵占了。

周幽王烽火戏诸侯，导致西戎和申侯联合攻入都城之时，秦人的领袖名字叫嬴开，因为率兵救周，立下功劳；周平王准备东迁雒邑的时候，又派兵护送周平王，为了表扬他的功绩，周平王封嬴开为诸侯，这就是秦襄公。

仅仅封为诸侯，周平王觉得还不够。毕竟，周幽王烽火戏诸侯，弄得其他诸侯都没人来救驾了，幸亏还有这么一个实心眼的秦襄公，能够派兵前来，十分难得。

问题是，经历了这么一场重大变故，刚刚迁都又百废待兴，周平王手头也不宽裕啊。

既没钱也没物，人还得奖励，怎么办？周平王想了一个办法，叫作"画饼充饥"。

他对秦襄公说："岐山以西的土地，全部归你了！"

貌似是很大一片土地啊，为什么说是画饼充饥呢？

因为这片地完全不在周王朝的控制之下，都被犬戎这个部族占着呢。周王朝就是因为害怕凶恶的犬戎，这才东迁的。堂堂天子对犬戎都无能为力，何况一个诸侯？

所以，这块饼，就算是画上了，恐怕周平王自己也没当真。要想夺回岐山以西的土地，简直比登天还难。

秦襄公自然也没把这块饼当回事，他唯一知道的是，自己祖先曾经生存的土地，如今被外族占领，无论多么困难、经历几世几代，都要夺回来！

🌀 士兵突击

从秦襄公开始，秦才算正式成为和其他国家平起平坐的诸侯国；此前，它只是周王室分封的一个大臣而已。

周平王给了他诸侯的地位，但只是一张"空头支票"，实际的利益，需要你自己去争取。

驯马人的后代，骨子里就有股不服输、踏实干的基因。秦襄公二话不说，发兵西征，攻打西戎。

遗憾的是，壮志未酬身先死，秦襄公带兵打到岐山，不幸去世了。

儿子秦文公继位，继承先父遗志，攻打西戎，把周朝原先被西戎占据的大片土地夺了回来，还给周朝献上一份大礼：把岐山以东的土地，献给了周王室。

真是仗义。不得不说，周平王是个高明的管理者，给秦定一个目标，引导着秦去努力，最终自己也从中受益。

到秦穆公（也作秦缪公）时期，对西戎的战事更取得了决定性胜利，连续兼并了十二个国家，拓展了上千里的土地。秦由此称霸西戎。

> **画外音**：秦襄公在许多诸侯眼中，是一个十足的"傻子"。
>
> 功劳很大，周平王的奖励，却只是一块被强大敌人占据的土地。

得到这样的"奖励"，很多人不和周平王撕破脸皮，就不错了；去攻打敌人、夺取土地，做梦吧你就！你周平王伤了功臣的心，谁还给你卖命？

秦襄公和他的后人却没这么想。他们踏踏实实、一步一个脚印，一点一点地，先把周被西戎抢占的地盘夺了回来；然后更进一步，占领了大片土地，最终称霸诸侯。

那些老牌诸侯的土地，大多是周天子直接分封的，好像"天上掉下的馅饼"（当然也是因为祖先有功于周朝）；只有秦的领土，是自己一寸一寸打下来的。

秦最终灭掉六国，和祖先遗传下来的这种踏实、吃苦、肯干的基因，有很大关系。

【原著精摘】

七年春，周幽王用褒姒废太子，立褒姒子为適①，数欺诸侯，诸侯叛之。西戎犬戎与申侯伐周，杀幽王郦山下。而秦襄公将兵救周，战甚力，有功。周避犬戎难，东徙②雒邑，襄公以兵送周平王。平王封襄公为诸侯，赐之岐以西之地。曰："戎无道，侵夺我岐、丰之地，秦能攻逐戎，即有其地。"与誓③，封爵之。襄公于是始国④，与诸侯通使聘享之礼，乃用骝驹、黄牛、羝羊各三，祠上帝西畤。

【注释】

①適：通假字，通"嫡"，嫡子即丈夫与正妻所生的孩子。

②徙：迁徙，此处指迁都。

③誓：盟誓，即举行庄重的仪式，制定双方需要遵守的盟约等。

④始国：开始建国。此前秦地位很低，只相当于一个大的部落而已，此后才正式成为诸侯国，与东边的诸侯开始平起平坐了。

【译文】

七年春，周幽王立褒姒为王后，然后废掉太子，改立褒姒之子为嫡子，并多次举烽火欺骗诸侯，诸侯都背叛了他。西戎、犬戎和申侯联合攻打周，把周幽王杀死在郦山下。秦襄公率兵救援周王室，作战卖力，立下了大功。周为了躲避犬戎的侵犯，把都城迁到了雒邑，襄公率兵护送周平王。平王封襄公为诸侯，把岐山以西的地方赐给了他，说："犬戎不讲道义，夺走了我们岐、丰一带的土地。秦如果能赶走犬戎，就可以拥有这些土地。"与秦盟誓后，封给了秦爵位。襄公从此正式成立诸侯国，与其他诸侯互派使节，行用聘享的礼节，并用赤色幼马、黄牛、公羊各三头，在西畤这个地方建祠祭祀上天。

穆公揽才：五张黑羊皮 换来百里奚

带着问题读《史记》

秦穆公是一个很吝啬的人吗？如果不吝啬，为什么他想要一个人的时候，只肯用五张羊皮去换？

君子爱才

有个俗语，叫"君子爱财，取之有道"，意思是说，一个堂堂正正的人，如果喜欢钱，也不是什么见不得人的坏事，只要你的钱来路正就可以了。

在春秋时代，诸侯国众多，各国国君努力争夺的，一个是土地，一个是人才。

相比而言，人才更重要。因为有了人才，充分利用人才，国家就会强大，夺取土地、建立霸业也就不成问题。

对人才的争夺，是很激烈的，也是需要技巧的。秦穆公就是"人才争夺战"中的行家里手。可以说，他真正做到了君子爱"才"、取之有道。

他通过各种计谋抢来的人才中，最著名的有两个，一个叫百里奚，一个叫由余。

⊛ 五羖大夫

在历史上，秦国大臣百里奚，有一个著名的外号：五羖（gǔ）大夫。

羖，就是公羊。百里奚是个贤臣，官职为大夫；但这位著名的贤臣，却是被秦穆公用五张黑公羊的皮换来的。

为什么只用五张羊皮去换？是秦穆公太吝啬，还是故意"降低价格"来侮辱百里奚？

都不是。这么做的目的，是麻痹"卖家"。

卖家就是楚国。秦穆公很清楚，如果以"贤才"的价格去买百里奚，楚国人就会警觉：一个糟老头子，秦国居然出这么高的价格，说明此人很有价值，不能随便卖！

只出五张羊皮，看来就是一个普通的奴仆，卖就卖了吧。

名臣百里奚，就这样落到了秦穆公手中。

百里奚原来是虞国国君的大臣。可惜自己的国家虞国太小，没什么前途，很快被晋国给灭掉了。

虞国国君和百里奚，都成了晋国的俘虏。

当了俘虏，日子怎么过，自己说了可就不算了。

恰巧，秦穆公要娶晋国国君的一个女儿为妻，国君的女儿出嫁，是要很多陪嫁的。陪嫁的除了东西，还有人。

百里奚就作为奴仆，成了陪嫁，到了秦国。

百里奚年纪不小了，还曾经是个大夫，居然沦为"陪嫁品"，显然十分郁闷。

最终，他决定逃跑，而且成功了。

秦和晋，都在北方。为了远离这两个国度，百里奚就往南跑，跑到了楚国一个叫宛的地方。

不过，因为身份是奴仆，类似于奴隶，百里奚大概也是没有什么人或地方投靠。在宛地，他被楚国人给抓住了。

这时候，秦穆公听说百里奚很有才能，便想把他赎回来，为自己所用；直接去要人，又怕引起楚国的警觉，于是有人给他出了"五张羊皮换人"的主意。

交易成功，百里奚回到了秦国，但此时，他已经七十多岁了。

秦穆公和他交谈了三天，非常满意，觉得他确实是治国之才，就让他来治理朝政，还给了他一个有趣的封号：五羖大夫。

管鲍之交

有个成语，叫"管鲍之交"。管，就是齐国名相管仲；鲍，是齐国的另一个大臣鲍叔牙。这两人年轻时就互相认识，经常合作，当官后互相举荐，关系非常好。人们便把这种朋友关系称为"管鲍之交"。

百里奚也有这样一个朋友，名叫蹇（jiǎn）叔。

秦穆公求贤若渴，百里奚也挺感动的。他对秦穆公说："您看重我，我很感动。但有一个人，比我厉害多了；可惜他没什么名气，不为世人所知。"

"哦？还有比百里奚更厉害的人才被隐藏了？"秦穆公很感兴趣。

百里奚于是讲述了自己和蹇叔的故事。

当年，百里奚周游列国，希望得到重用；却不料成了流离失所、饥寒交迫一族。

流浪到齐国的时候，他不得不靠要饭为生。

看他可怜，蹇叔便收留了他。这一收留，却留下了一个贤才惺惺相惜的故事。

当时的齐君，名叫"无知"。

既然身在齐地，自己又是个人才，那么，不妨投到齐君无知门下，混口饭吃吧！

这一想法，遭到了蹇叔的反对，理由是无知这个人，难成大器。

果然，后来无知在政变中被杀。如果百里奚成了齐君无知的门客，恐怕早就成了牺牲品。

齐国发生政变时，百里奚为躲避战乱，逃到了周王室。周的王子"颓"（名气也很奇怪，前面提到过他）很喜欢牛。百里奚很懂养牛之术，便决定用养牛术来打动王子颓，以便谋个一官半职。

貌似很有成果，王子颓被打动了，准备用他。这时候，好友蹇叔又对他说："不行，你别去。"

颓发动政变，后被杀死。百里奚听了蹇叔的话，又一次逃过

一劫。

百里奚又逃回了虞国，这一次他成功当上了官。可是，蹇叔还是来劝告他："虞君不能重用你，你不要当这个官了。"

对此，百里奚也心知肚明，但难以抗拒薪水的诱惑，还是去了。结果，蹇叔的预言应验了：虞国没有重用百里奚，最终亡国，百里奚也成了奴隶。

总结这几件事，百里奚觉得，蹇叔实在比自己高明得多。他阻止了自己两次，自己都成功避开了祸患；只有一次，自己固执己见，没听他的意见，结果就遭遇了灾难。

由此，他得出蹇叔是个人才的结论。

穆公一听，很高兴，马上派人去接蹇叔，封他为上大夫。后来，蹇叔的确也为秦国做出了很大贡献。

秦穆公手下的人才，就像滚雪球一样，越来越多了。

◎ 西戎来客

秦穆公三十四年，秦国来了一位特殊的客人，名字叫由余。

说他特殊，并不是因为他的名字奇怪，而是他的身份。

他是西戎的使臣。

前面说过，西戎强大的时候曾经占了周的大片土地，秦人祖先的封地，也被他们占了。秦国和戎，从祖辈上就经常互相攻击，不是你打我，就是我打你。

但到秦穆公时期，情况有了变化，因为秦越来越强大了。

西戎有贼心没贼胆，不敢轻易和秦交战，于是就有了相对的和平。

和平时期，西戎派使者来秦国联络一下感情，也正常。

但使臣由余的目的，显然不是联络感情，而是观察、刺探。

西戎首领听说秦穆公治国水平很高，就以考察学习秦国成就的名义，派由余出使秦国。

派由余来，还有一个原因：由余的祖先是晋国人，晋国和秦国离得近，关系也好，经常联姻（"秦晋之好"成语就源于此）；派个晋人来，一方面是由余对秦国、晋国的情况比较了解，比较方便，另一方面也便于拉近感情，语言上也没有什么障碍。

敌国的使臣来了，秦穆公想借机展示一下秦国的强大。他让由余参观秦国豪华的宫殿和聚敛的财宝、粮食，由余却不屑地说："这些成果，如果是鬼神帮你完成的，那就太有劳鬼神了；如果是让老百姓来完成的，那就太劳苦百姓了！"

意思是说秦穆公劳民伤财。

这些话让秦穆公很惊讶，因为这不像是一个"戎狄"之人所能说出来的，于是问他："我们中原国家，一向认真学习《诗》《书》《礼》《乐》这些经典，而且学以致用，用经典里的道理来治理国家，可还是不时有动乱发生。你们这些荒蛮之地的国家，根本没有这些经典作为治国的依据，又如何来治理人民？"

由余笑着回答："这正是中原动荡不安的原因啊。圣人制作了礼乐法度，即便自己以身作则，也只能做到'小治'，何况

后来的帝王，很多没有以身作则呢？蛮夷之地就不同了，没有这么多礼节规矩，只有一个原则：国王治理人民，就好比治理自己；要想把人民治理好，就要先治理好自己。这样一来，从上到下，就都能淳朴、忠信。这才是真正的圣人政治啊！"

一番话说得秦穆公很服气，认定由余是个人才，不由得开始担心起来。

因为，敌对国如果有了这样的人才，把国家治理好了，就会对秦国构成威胁。

◎ 离间得才

秦穆公问一个大臣："西戎如今有了一个贤臣，我们怎么办？"

大臣献上了"离间计"。

大臣说，西戎的首领现在这么淳朴，是因为戎很偏远、很落后，他从来不知道哪些东西可以享乐，也就没有享乐的欲望了。所以我们的第一步，就是让他有欲望、开始享乐。

怎么享乐呢？给他送上一些美女乐手，让他每天听美女奏乐，他的心志很快就会沉迷于此，不能自拔了。

第二步，我们派人，在戎王的面前，多说由余的好话。因为秦和戎是世代的仇敌，我们过多地夸赞由余，戎王就会起疑心，怀疑由余是不是想投敌。

等他有了疑心之后，我们想办法让由余多住些时日，戎王必定会更加怀疑，君臣就会有二心。

"妥了！"秦穆公很高兴，就按大臣说的，高规格招待由余，表现得十分亲近，完全不像是对待敌对国的使臣。

他又送给了戎王十六个女乐手，戎王果然被来自秦国的"花花世界"所吸引，沉溺于此。

由余回国后，对戎王沉溺女乐表示不满，多次劝谏，戎王不听。最终，君臣几乎到了要翻脸的程度。

这时候，秦穆公不失时机地抛出了橄榄枝：由余，投靠大秦吧！

由余眼看戎王已经无可救药，遂弃暗投明，投降了秦穆公。

如此重要的贤臣投靠敌国，西戎可谓大事不妙。三年之后，秦穆公用由余的策略，攻打戎王，一口气兼并了十二个国家，占地千里。

秦穆公由此称霸西戎。

画外音：玩物丧志，是历史上永远的法则。戎地落后，没有东西可以消遣，所以民风倒也淳朴；秦穆公给戎王引入了女乐，一下子就击垮了戎王的斗志。

我们要警惕外来的诱惑；无论做什么事情、玩什么游戏，都要有节制、学会克制。

沉迷于女乐，最终让西戎灭亡；沉迷于游戏，会让人葬送青春、年华虚度。

【原著精摘】

穆公闻百里奚贤，欲重赎①之。恐楚人不与，乃使人谓楚曰："吾媵臣百里奚在焉，请以五羖羊皮赎之。"楚人遂许②与之。当是时，百里奚年已七十余。穆公释其囚，与语国事。谢曰："臣亡国之臣，何足问！"穆公曰："虞君不用子，故亡，非子罪也。"固问，语三日，穆公大说③，授之国政，号曰五羖大夫。

【注释】

①赎：赎买，赎回。

②许：同意，准许。

③说：通假字，通"悦"，高兴、开心之意。

【译文】

穆公听说百里奚很有才能，想用重金赎买他，又担心楚国不给，就派人对楚王说："我家的陪嫁奴隶百里奚逃到这里，请允许我用五张黑色公羊皮赎回他。"楚国答应，交出了百里奚。这时，百里奚已经七十多岁了。穆公亲自释放了他，跟他谈论国家大事。百里奚推辞说："我是亡国之臣，哪里值得您来问啊？"穆公说："虞国国君不重用你，所以亡国了。这不是你的罪过。"穆公坚决询问，谈了三天，穆公非常高兴，把国家政事交给了他，号称五羖大夫。

秦晋之好：有时是真好　有时是圈套

带着问题读《史记》

"秦晋之好"，表明秦国和晋国的关系一直非常好。事实果真这样吗？

◎ 秦晋之好

你大概还记得百里奚故事中的一个细节：他是作为晋国公主出嫁时的"陪嫁品"（地位相当于奴隶）而到了秦国的。

这个晋国女子，是太子申生的姐姐，她要嫁的，就是秦穆公。

秦国和晋国这两个国家，历史上经常联姻，关系至少表面上不错；所以后人在祝福新人结婚的时候，有时候会说"永结秦晋之好"之类的祝福语。

但国和国之间，利益永远是第一位的。这两个诸侯国虽然经常联姻，但撕破脸皮打仗的时候也很多。

◎ 晋国内乱

秦穆公继位的第四年，娶了晋国太子申生的姐姐；第五年的

秋天，穆公就亲自带兵，攻打晋国。

所以用婚姻来维持国和国的关系，是靠不住的。

正在两国交战之时，晋国却开始了窝里斗，发生了内乱。晋献公宠爱妃子骊姬，骊姬想立儿子奚齐为太子，她陷害、排挤太子申生，导致申生自杀。历史上将此事称为"骊姬之乱"。

这次政变，只是一个"前奏"；晋献公死后，晋国政坛动荡不已，前前后后，人物比较繁杂，为了不把大家搞糊涂，简单列表如下——

始作俑者

骊姬（前任国君晋献公宠妃）

晋献公的儿子们

太子申生：受骊姬陷害，自杀而亡；

奚齐：晋献公和骊姬的儿子，受宠爱，被立为国君，后被杀；

卓子：晋献公的儿子，被大臣荀息立为国君，后被杀；

夷吾：晋献公的儿子，在秦国扶持下立为国君，即晋惠公；

重耳：晋献公的儿子，流亡十九年后重返晋国成为国君，即春秋五霸之一的晋文公。

晋国的大臣们

里克：晋国大臣，发动政变杀死奚齐，最终被夷吾所杀；

荀息：支持卓子，立其为国君，后两人都被里克杀死；

丕郑：晋国大臣，夷吾的手下，但最终被夷吾杀死；

吕甥、郤芮（xì ruì）：晋国大臣，丕郑的政敌；

丕豹：丕郑之子，投靠秦国，成了秦国大将。

了解了上面这个略显复杂的"图谱"，再看"骊姬之乱"后的晋国乱局，就简单点了。

事情是这样的。

（秦穆公九年）晋献公死了，他所宠爱的妃子骊姬，将自己的儿子奚齐立为国君。

然而国君当了没几天，大臣里克发动政变，将奚齐杀死。

在大臣荀息的支持下，晋献公的另一个儿子卓子被立为新的国君，可是也没当几天，这对君臣都被里克杀死。

到这里，里克已经杀死了两任国君，所以他的前途，肯定也很危险了。

晋献公的另外两个儿子，夷吾和重耳，此前都被流放到外地。夷吾见国内乱套了，去找正在和晋国交战的秦国。

为什么找秦国呢？因为秦穆公这时候正在进攻晋国，对晋国的政权来说，属于"敌人"；而夷吾想要"抢班夺权"，自然也是晋国现存政权的"敌人"，两人的对手是一样的，很容易走到一起。

当然，"投敌"是要有代价的。

夷吾给秦穆公付出的"报酬"，是"河（指黄河）西八城"。然后，秦穆公帮他当上晋国国君。

秦穆公觉得买卖合算，同意了，便让百里奚带兵，把夷吾

送到了晋国。夷吾如愿当上了国君，这就是晋惠公。

◉ 言而无信

晋惠公虽然谥号里面有个"惠"字，却不是个实在人。当上国君之后，他派大臣丕郑前往秦国，对秦穆公表示感谢。

光口头感谢吗？说好的那八座城池呢？

晋惠公反悔了，不给了。

这已经让丕郑感到尴尬。这可不是个好差事，万一碰到一个不讲理的，一生气把使臣杀了，也是常有的事儿。

幸好秦穆公没有。

这时候，又传来消息：晋惠公把大臣里克杀了。

丕郑害怕了。里克被杀，他害怕什么呀？

原来，当年夷吾（晋惠公）为了夺取晋国君主之位，可谓费尽心机，不仅对外用河西八城贿赂秦国，在晋国内部，也秘密联系了内应。这样就可以里应外合，确保万无一失。

晋国内部接应他的大臣，一个是里克，另一个就是丕郑。夷吾许诺，一旦事成，必有厚报！

没承想，夷吾当了国君之后，翻脸不认人，不仅对秦国毁约，对接应他的大臣，也动了杀机！如此一来，不仅许诺的高官厚禄落空，小命恐怕也难保了。里克被杀，丕郑感到了来自晋惠公的危险。

一不做二不休，干脆趁自己还在秦国，劝说秦穆公干掉晋惠公吧！

　　丕郑于是对秦穆公说："晋国人真正拥护的君主，不是夷吾（晋惠公），而是重耳。现在夷吾违背约定，杀了里克，这都是吕甥、郤芮的主意。希望您把吕甥、郤芮召到秦国，控制起来；这样再把重耳送到晋国当国君，就容易多了。"

　　很明显，他这么做，有点"离间计"的意味。晋惠公言而无信，不给河西八城，肯定会让秦穆公不满；利用这种不满，让秦穆公帮助废掉晋惠公、立重耳为国君，是可能的。

　　秦穆公点头答应了。

　　然而事情并未如愿。吕甥、郤芮听说秦国要让自己过去谈谈，慌了手脚，连忙劝说晋惠公："别中了丕郑的诡计，还是把他杀掉最好！"

　　最终结果，是丕郑和里克一样，走上了不归路——被晋惠公杀死。

　　仇恨，由此结下了。丕郑的儿子丕豹跑到秦国，继承他爹的遗志，继续游说秦穆公："现在晋国的国君（晋惠公）昏庸无道，百姓都不依附于他，此时不攻打晋国，更待何时？"

　　秦穆公却保持了难得的冷静。对晋惠公这个不讲诚信的人，他也很恼怒，但他不会因此而意气用事。

　　他反驳道："一个国君，如果没有人民的依附、拥护，怎么可能随随便便诛杀大臣呢？那样会出乱子的。晋国国君诛杀大臣，却没有引发混乱，说明人民还是拥护他的。"

　　丕豹的建议被否定了。但这并不等于秦穆公不重视丕豹，相反，

他对这个从晋国来、对晋国内情十分熟悉的人更加重用了。

晋惠公不讲诚信，这笔账一定要算的。不是不算、时候未到，秦穆公等待的，只是一个合适的机会。

恩将仇报

秦穆公渐渐发现，如果只是言而无信，还不是什么大问题；毕竟河西八城本来就不是自己的，不给秦国，秦国也没什么损失。

可对方如果恩将仇报，那恐怕就会有损失了。

事情，起因于三年后（秦穆公十二年）的一次旱灾。

这一年，晋国大旱。

那个年代，一旦出现灾情，对整个国家威胁很大。迫不得已，晋国向秦国借粮。

秦穆公于是和大臣们商量此事。

和晋惠公有着杀父之仇的丕豹，自然反对："晋国言而无信，岂能借给他们？应当趁机去攻打他们！"

大臣公孙支说："晋国饥荒时，我们借粮食给他们，晋国肯定会感激我们，应该借。"

大臣百里奚说："夷吾（晋惠公）得罪了大王您，可是老百姓又有什么罪呢？"

秦穆公听了公孙支和百里奚的建议，借给了晋国很多粮食。

事实会像公孙支想象的那样，晋惠公从此就感激秦国吗？

很遗憾，他看走眼了。

两年之后，也就是秦穆公十四年，秦国闹饥荒了，于是向晋国借粮。

晋惠公也和大臣们商议此事。

一个大臣说："秦国闹了饥荒，这正是我们攻打秦国的好时机啊！怎么能借粮给他们呢？"

晋惠公一听，落井下石，正合我意！

于是，发兵攻打秦国。

秦穆公这回可是彻底气炸了。不好好教训教训你小子，你还真不知道马王爷几只眼！于是整顿军队，任命丕豹为大将，自己亲自统率军队，带兵迎击。

丕豹有杀父之仇，打起仗来自然不要命；秦军虽然闹饥荒，实力依然强大；秦穆公作为统帅，南征北战，经验丰富；论民心向背、道义公理，也都站在秦国这边。

论起来，秦国根本没有失败的道理。

然而，就在这次"必胜之仗"中，秦穆公经历了人生中最惊险的一幕。

说到这一幕，就不得不说说秦穆公另外一个小故事了。

◉ "吃马"之恩

有一次，秦穆公丢失了一匹好马。

秦的祖先都是驯马人，马自然差不了。马上追查！

查来查去，找到了马，不过光剩下骨头了——它被岐山下的

野人（并非我们传说中的野人，而是相对比较野蛮、落后，还处在部落时代的人）吃掉了！

这个野人部落，一共有三百来人。

国君的宝马，居然被你们打了牙祭！简直不要命了！

秦国的官员，把这三百来人全部控制了起来，要杀要剐，就等秦穆公一声令下了。

秦穆公虽然也喜欢马，但马死不能复生，再搭上这些人的性命，他于心不忍。

于是，前来听候命令的官员，听到了一番几乎让他们惊掉下巴的话：

"君子不能因为畜生而伤害人。我听说，吃了好马的肉却不喝酒，对人体会有伤害。"

他命令：

第一，这三百个野蛮人，全部赦免，不再追究；

第二，赐给他们酒喝，防止身体出现问题。

感激涕零啊！

这三百个野人，无以报答秦穆公的恩泽，只能以死相报了。

秦穆公十五年，秦国和晋国发生了战争，这三百个野人主动要求参战。

三百个人，不多也不少，人多力量大，爱国情绪又这么高涨，那就让他们去吧。

秦穆公打死也想不到，因为自己一次偶然的善举，让自己死里逃生；而这三百个人，居然扭转了战局。

战争就是战争，它不按常理出牌，经常出现一些出乎人们预料的情况。

眼看大获全胜的秦穆公，一度濒临绝境。

◎ 绝地反击

秦穆公十五年九月，秦、晋大战于韩原（地名）。

一切都很顺利。因为，决定战争胜利的因素，天时、地利、人和，大多站在秦国这边。

晋惠公军事指挥水平貌似也一般，他离开了本部大营，与秦军交战，归队时，因道路过于泥泞，马跑得很慢。

这么好的时机，岂可错过！作战经验丰富的秦穆公发现这一敌情，亲自带兵，迅速出击！

然而秦穆公仓促追击，却没追到晋惠公；再仔细看时，周围却出现了伏兵，自己被包围了！

晋兵发现前方是秦国国君，顿时来了精神——抓住了国君，那奖赏可是太大了！

秦穆公左冲右突，率队厮杀，自己却受了伤。

身陷重围，眼看已是绝境。

然而，一支彪悍的队伍，此时却发了疯一样冲进晋军的包围圈。

这支队伍过于疯狂，晋兵哪里见过这种不要命的架势，士气顿时矮了半截。

　　这支队伍作战极其凶悍，衣着怪异，野人一般，打仗根本不要命。

　　他们只有三百人，正是当年被秦穆公赦免的野人队伍。

　　野人军的冲杀，不仅让晋军死伤众多，更令迷信鬼神的晋军恐惧，原本包围了秦穆公的大好形势，瞬间一败涂地！

　　这还不算，野人军追着晋军的屁股猛打，不仅把晋军打得屁滚尿流，甚至有了一个意外收获：活捉了晋惠公！

　　战场形势，真是千变万化：那会儿秦穆公还危在旦夕，这会儿晋惠公就成了俘虏！

　　胜败，均在转瞬之间。

◎ 死里逃生

　　秦穆公有充分的理由，杀掉俘虏的晋惠公。

　　是他背信弃义，在秦穆公帮助下成为君主，却言而无信，违背割让城池的诺言。

　　是他恩将仇报，在秦国不记前仇借粮给晋国的前提下，在秦国发生饥荒需要借粮时，不仅不借粮，还乘人之危、发兵攻打。

　　这两条理由，足够判处晋惠公死刑。

　　秦穆公决定报仇。他宣布："我要用晋惠公来祭天！"

　　祭天，是古代一种传统的祭祀仪式。仪式上，要杀死一些牲口，贡献给上天；这些被杀的牲口，就叫"牺牲"。

　　用晋惠公来祭天，当然就是要杀死他。

看来晋惠公已经必死无疑。做了俘虏，死活就由不得自己了。

让秦穆公没有想到的是，打仗前没起什么作用的亲戚关系，此时突然起了作用。

第一个说客，是周天子。虽然今不如昔，但周天子的位置还摆在那里。他对秦穆公说："晋，是和我天子同姓的诸侯，还是饶他一命吧！"

第二个说客，是秦穆公的夫人。

前面说过，秦穆公娶了晋国太子申生的姐姐（两人同父同母）为妻，她和晋惠公夷吾，是同父异母的姐弟关系。

他们的父亲晋献公子女众多，兄弟姐妹间反目成仇的情况并不少见。但申生、夷吾都是受骊姬排挤，一个被迫自杀，一个逃亡国外，所以秦穆公夫人出于对弟弟申生的怜惜之情，对夷吾也有同病相怜之感。可以说，两人是"一条战壕里的战友"。

弟弟夷吾（晋惠公）有难，要杀他的是自己的丈夫（秦穆公），焉有不救之理？

但如何救他，却让她很费思量。她知道，无论这场战争还是以前的行为，弟弟都不占理，说他该死，倒也没错。

于是，她放下国君夫人的身价，披着麻衣，戴着黑色头巾，光着脚，来见秦穆公，说："我的弟弟做得不对，我是她的姐姐，却救不了他；我如果救他，就违背了大王您的命令！"

别的话，没再多说，意思是你看着办吧，我算是为我弟弟认错来了！

秦穆公叹了一口气,说:"我原以为,擒获了晋惠公,是大功一件;没想到天子却为他求情,夫人也因此忧虑。"

最终,秦穆公和晋订立盟约之后,答应送晋惠公回国。

经历这次惨败,晋惠公虽然侥幸逃生,但晋国损失惨重:黄河以西的土地,全部割让给秦国——就别提那河西八城了,如今是河西全给人家了。真是贪小便宜吃大亏。

此外,为了防止晋国再搞小动作,晋惠公把自己的太子——名字叫圉(yǔ)——留在了秦国,作为人质。

没想到这个做人质的太子,却再度惹出了祸端。

◎ 子圉潜逃

晋国的太子圉,作为人质,在秦国待了七年。

秦穆公二十二年,一个消息从晋国传来,子圉坐不住了。

晋惠公生病了。

子圉不是挂念父亲的病,而是挂念自己的国君之位。

晋惠公儿子很多,即便你是太子,也不能保证一定继位,这是他的第一个忧虑。

第二个担心,是自己母亲来自梁国,但梁国此时已经被秦国给灭了,自己没了后台。

国君的儿子们,到底谁能继位,一方面是国君说了算,另一方面也很重要:就是他的母亲来自哪个国家、势力强大不强大。

第三个担心,是万一晋惠公死了,秦肯定不会让自己回国继位。因为秦灭了梁国，而子圉母亲是梁国的，子圉一旦成了国君，如果报复秦国怎么办？秦必然有这层担心。

唯一的办法，就是指望父亲晋惠公。只要晋惠公让自己继位，其他人就没有办法。

但秦又不会放自己走。怎么办？一个字：逃。

子圉找机会，悄悄逃回了秦国。

第二年，晋惠公去世，子圉如愿以偿，继承了国君之位。他就是晋怀公。

然而，因为逃跑，他得罪了强敌——秦国。

秦穆公大为恼火，对子圉必欲除之而后快。

作为一个政治家，他显然不会因为生气，或者瞧不上晋怀公（子圉），就派兵攻打晋国；那种意气用事的事儿，在秦穆公身上，很难发生。

他采取了更高明的手段：引狼入室。

引晋国的"狼"，入晋国的"室"。

◉ 重耳返晋

这头狼，就是在外流浪长达十九年，却名声很好的晋国公子、晋献公的儿子，也是晋惠公的兄弟，重耳。

秦穆公把重耳接到秦国，为了"考验"他，故意把曾经嫁给子圉（晋怀公）的女子，再次嫁给他。重耳起初不肯，但后来一想，既然寄人篱下，只有忍辱负重，就别考虑那么多了，于是同意了。

重耳如此屈就自己，秦穆公也比较满意，觉得他到晋国后，应该会比较"听话"。

如何把重耳送回晋国，让他成为国君？实力强大，加上对晋怀公不满，秦穆公采取了一种相当霸气的方式——直接派人到晋国，通知晋国大臣，我们要把重耳送回来，做国君！

时间是秦穆公二十四年春，晋怀公登基（秦穆公二十三年）还不到一年，父亲已死，又没有母亲家做靠山，在晋国政坛根基还浅——此时的晋怀公，可谓叫天天不应、叫地地不灵了。

更令晋怀公无奈的是，大臣们居然答应了秦穆公的要求！

当年二月，重耳在秦军的护送下，回到晋国，成为国君。这就是春秋五霸之一的晋文公。

晋怀公子圉的结局，自然就惨了——被晋文公杀死。

画外音：《史记》给我们塑造了一个睿智、诚信、有感情、有能力的秦穆公形象。这种人格相对完美的国君，在历史上并不多见。

与之相反，晋惠公的形象，则类似于小人，言而无信，落井下石，恩将仇报，最后偷鸡不成蚀把米，成了俘虏⋯⋯

不过，需要我们注意的是，历史总是胜利者书写的。秦最后统一了六国，成为最终的赢家，具有绝对的话语权；历史怎么写，他说了算。所以，史料中有没有故意抹黑晋惠公、美化秦穆公的情况，也是值得深思的。

【原著精摘】

晋旱，来请粟。丕豹说穆公勿与，因其饥而伐之。穆公问公孙支，支曰："饥穰，更事耳，不可不与。"问百里奚，奚曰："夷吾得罪于君，其百姓何罪？"于是用百里奚、公孙支言，卒与之粟。以船漕车转，自雍相望至绛。

【译文】

晋国大旱，派人来秦国请求援助粮食。丕豹劝说秦穆公不要给，并要求秦穆公趁着晋国闹饥荒去攻打它。秦穆公去问公孙支，公孙支说："荒歉与丰收，是交替出现的事，不能不给。"又问百里奚，百里奚说："夷吾得罪了您，他的百姓有什么罪？"秦穆公采纳了百里奚、公孙支的意见，最后还是给晋国粮食了。水路用船、陆路用车给晋国运去粮食，从雍都（地名）出发，源源不断地直到绛城（地名）。

弦高抗秦：郑有卖国贼　不料却坑秦

带着问题读《史记》

从生前的事迹来看，秦穆公算是一个厚道、诚信的人，可为什么死后留下了很多骂名？

◎ 秦郑之争

秦穆公二十四年秋天，周襄王的弟弟叔带谋反，从狄人那里借兵，攻打周的都城，周襄王逃到了郑国。

这个故事前面讲过，其实周襄王和郑国的关系并不好，疙疙瘩瘩的，逃到郑国，也是迫不得已；但郑国对周襄王不满，显然不可能帮助他打败叛军。

周襄王便把目光转向了另外两个强国：秦国和晋国。

秦穆公二十五年，周天子派人前往晋国和秦国，寻求帮助。秦穆公很痛快，派兵出击，杀死了叛乱的叔带，把周襄王送回了都城。

过了几年，晋文公为了称霸，和楚国闹起了矛盾，在城濮击败了楚国；因为楚国和郑国关系不错，秦穆公便帮着晋文公包围了郑国。

这个时候，因为晋文公重耳是秦穆公带兵拥立的，秦国、晋国的关系，还是不错的。

但晋国的称霸企图，秦穆公也隐隐有些担忧。郑国清楚这一点，派人游说秦穆公："您灭了郑国，对您有什么好处呢？结果只会是让晋国更加强大。晋国强大了，对秦国必然构成威胁！"

等于是点破了那层窗户纸，秦穆公被说动了，于是撤回部队，不再和郑国为敌。

然而郑国的安稳日子没过多久，因为两年之后，晋文公就死了。

晋文公一死，晋国陷入内乱，对秦国构不成任何威胁了；这时候，秦国攻打郑国，也就毫无顾虑了。

恰在此时，有人送上了一张极具诱惑力的"馅饼"。

◎ 老臣哭师

郑国有个人想要出卖郑国，就对秦国人说："我负责守卫郑国的城门，你们可以来偷袭。"

消息汇报到秦穆公那里，秦穆公征求两位老臣蹇叔和百里奚的意见。这两位是患难之交的老哥俩，前面介绍过他们的故事。

他俩的意见非常一致：不能去！

理由列了两条：第一，经过好几个国家，走一千多里路，长途奔袭，去偷袭别人，很少有成功的。

因为偷袭的关键，是要出其不意。这么长的路途，很难不被人发现。

第二，既然有人出卖郑国，我们又怎么知道，国内没有人出卖我们，把偷袭的消息告诉郑国呢？

一向比较明智的秦穆公，这时候却固执己见了。一个合理的解释是：上一任霸主晋文公刚刚去世，这给了秦穆公一个难得的争霸时机。他不能错过这个机会。

事实上，秦穆公正是在晋文公之后，成为春秋五霸之一的。

急于功成名就，让他不再冷静。他不听两位大臣的劝阻，武断地说："此事就这么定了！"

然后，派了三员大将攻打郑国。这三个人分别是：孟明视、西乞术、白乙丙。

其中，孟明视是百里奚的儿子，西乞术和白乙丙都是蹇叔的儿子。

劝阻不要攻郑，秦穆公不但不听，反倒派自己的儿子出征，真不知道秦穆公是怎么想的。难道是报复？

儿子们率军出征之前，百里奚、蹇叔两人痛哭失声。

消息传到秦穆公那里，穆公大怒，说："我派兵出征，你俩不支持也就罢了，居然痛哭流涕，阻挡军队出征，是何道理？"

两人道："我们哪里敢阻止大王的军队！只是我们已经老了，儿子出征，不知道什么时候才能回来，不知道还能不能相见，这才哭泣啊！"

秦穆公虽然这一次固执己见，却不是本性残暴之人，对此也表示理解。两位老臣便退下了。

随后，百里奚和蹇叔找到即将出征的儿子，偷着对他们说："你们的军队，这次一定会失败，而且战败的地方，就在殽（xiáo）地。"

◎ 商人劳军

不出两位老臣所料，秦军千里奔袭，还没到郑国，"秦师伐郑"的消息，就已经沸沸扬扬。

郑国在现如今的河南一带，秦国则在今天的陕西一带。进攻郑国，要一路往东，经过晋国和周王室。路过周王室的时候，周的一个王孙议论说："秦国的军队蛮横无理，肯定会输掉的。"

进入晋国境内，路过一个叫"滑"的边境城市时，秦军碰到了一个商人。

这个商人，名叫弦高，是郑国人，整天跑东跑西做买卖。这两天，他正赶着十二头牛，准备贩卖到周。

不料，半路却碰到了秦国的部队。

弦高虽然是个商人，却很爱国。秦军的目标是郑国，明眼人都能看出来，怎么办？

解救郑国，是他的第一个考虑；第二个考虑则是，自己这些牛遇见不怎么讲理的秦军，万一他们知道自己是郑国人，恐怕这些牛就会被秦国士兵抢走了。

与其坐等被抢，不如借机干点事情。想到这里，弦高直接赶着牛进了秦军大营，对他们说："听说你们秦国想要惩罚郑国，

我们的国君很恭敬、很谨慎地准备防御，等着迎接你们，特意命令我带了这十二头牛，来慰劳将士们。"

三个将领，也就是蹇叔和百里奚的三个儿子一听，有点傻眼。他们讨论说："我们这次远征，目的是偷袭郑国，可是，郑国已经知道消息了，去了也不会有结果，怎么办？"

三人一商量，决定不再进攻郑国。

可是，大老远跑出来，就这么回去，怎么跟秦穆公交代？三人一想，反正到了"滑"这个地方了，干脆就把这儿占了，回去也好跟国君交代。

滑，是晋国的地盘。

也就是说，本来要攻打郑国，结果却打了晋国。

◉ 全军覆没

滑，是个小地方。秦国军队没费什么力气，就攻了下来。

没想到却戳了马蜂窝。

这次出征，是秦穆公三十三年春天；晋文公去世，是上一年的冬天。也就是说，晋文公刚死没多久，甚至还没下葬。

晋文公的儿子晋襄公悲愤交加，十分恼怒："秦国太欺负人了！我父亲刚死，尸骨未寒，他们居然趁火打劫，抢占我的领土！"他身穿丧服，带兵出击。士兵们受其感染，斗志激昂，同仇敌忾（kài）。

正如蹇叔和百里奚预言的，在殽这个地方，晋国军队大败秦军。秦国军队全军覆没，没有一个人逃掉。三位秦军将领，也成了瓮中之鳖，被晋军俘虏。

当年，秦穆公俘虏了晋惠公，秦穆公的夫人，也是晋惠公的姐姐，曾经为其求情，请求放了晋惠公。秦穆公答应了。

今天，相似的一幕在晋国重演。毕竟这两个国家经常联姻，关系错综复杂，出现这种情况，也很正常。

晋文公的夫人，是秦宗室的女儿。她向晋襄公求情说："这三个人，本来接到命令攻打郑国，却中途违背秦穆公的命令，攻打了晋国。秦穆公一定对他们恨之入骨，恨不得烹了这三个人。您还是把这三个人放回去，让秦穆公处理他们吧！"

晋襄公答应了。

不过，晋文公夫人说的话，也只是借口而已。事实上，秦穆公不仅没有恨这三个将军，反倒非常自责。

三个将军回到秦国，秦穆公穿上丧服，亲自到郊外迎接，哭着对三人说："都怪我，不听蹇叔、百里奚的话，让你们受到了侮辱。你们有什么罪过呢？都是我的错！你们用心准备，仔细思考如何洗掉这一次的耻辱！"

秦穆公对三人没有做任何惩罚，反倒更加厚待了。三个将军感激涕零，更加卖命工作，最终都成了秦国有名的大将。

画外音：秦穆公这种敢于承担责任的精神，值得学习。

很多人，出了问题往外推，不知道反省；结果就是众叛亲离，没有人愿意再和他合作了。

这三个将军，擅自攻击晋国，也有过错，但秦穆公没有追究，更没有因此把责任全部推到他们头上，而是把责任揽了过来，这是一种胸襟和境界。

正因为这种胸襟，三人才更加死心塌地为秦穆公卖命，让秦国的实力更加强大。如果秦穆公不这么做，而是严厉处置这三个败将，那不仅三人以后做不出这样的功绩，秦军的实力也会受到损失。

◎ 知错就改

秦穆公对三个败将的宽容，起了很好的效果。

第二年（秦穆公三十四年），秦穆公"用人不疑、疑人不用"，再度起用败将之一的孟明视，命他带领军队，攻打晋国。

然而，一心想着一雪前耻的孟明视，却再次战败了。

只能说，秦穆公的心态太好了，他似乎很有耐心，对连续两次败给晋国的孟明视没有失去信心，反倒更加厚待。

将领做到这种程度，如果接下来不打场胜仗，估计自己都不好意思了。

胜机，出现在秦穆公三十六年。这一年，穆公再次派孟明视出征晋国。

孟明视已经无法容忍再度失败了。他破釜沉舟，军队渡河以后，便焚烧船只，这一果敢决绝的行为只有一个意思：不给自己和士兵留下任何退路！

这一次，同仇敌忾的，成了再也输不起的秦军。他们勇猛冲锋，大败晋军，甚至占领了晋国的王宫，总算一雪前耻。

连败两次，终于打了一场大胜仗，秦穆公高兴，也在情理之中；令人服气的，是他在军队胜利之后的举动。

他要借此拉拢人心、军心，进一步树立自己的权威和霸主形象。

秦穆公亲自渡过黄河，派士兵找到当年在"殽之战"中牺牲的秦国士兵们的尸骨，重新安葬；同时讣告天下，悼念三天。

这些做法，貌似还没有什么过人之处；真正能体现他的胸襟和度量的，是他在对士兵们发表讲话时，居然公开自我批评。

史料记载了这段讲话——

"士兵们，安静！仔细听我说。古代的人，遇到事情，都会向老年人请教、商量，这样就不会有什么大的过错。可是我呢？却没有这么做。我没有听从蹇叔、百里奚这两位老臣的意见，犯下了过错。今天我在这里宣誓，就是要让后人们记住，这是我的过失！是我不听老人言导致的！"

国君的讲话，在秦国君子们中间传播，不少人甚至感动得哭了："这才是真正有诚信、有担当的国君啊！士为知己者死，所以孟明视这样的杰出将领才肯为国君卖命！"

⊙ 人生污点

秦穆公的确成就了霸业，成为春秋五霸之一。但他走的路子，和其他霸主明显有很多不同；看上去，他显得更"正义"一点。

然而，他唯一缺少的，是时间。

大败晋国，是他在位的第三十六年；一年之后，秦国更加强大，讨伐西戎，兼并十二个国家，占地千里，称霸西戎，秦穆公的辉煌到达了顶点。不幸的是，时间又过了两年，在他执政的第三十九年，他便去世了。

人早晚是要死的，但像秦穆公这样，生前一片叫好声、死后一片骂声的，却极其少见。

因为，不知道是他，还是继任国君，做出了一个极其残忍、恐怖、黑暗的决定：活人殉葬。

给秦穆公殉葬的活人，达到了令人震惊的一百七十七人。

这成了秦穆公身上永远无法抹去的污点。

【原著精摘】

　　三十六年，穆公复益厚①孟明等，使将②兵伐晋，渡河③焚船，大败晋人，取王官及鄗，以报殽之役。晋人皆城守不敢出。于是穆公乃自茅津渡河，封殽中尸，为发丧，哭之三日。乃誓④于军曰："嗟，士卒！听，无哗⑤，余誓告汝。古之人谋黄发番番，则无所过。以申思不用蹇叔、百里奚之谋，故作此誓，令后世以记余过⑥。"君子闻之，皆为垂涕，曰："嗟乎！秦穆公之与人周也，卒得孟明之庆。"

【注释】

　　①益厚：更加厚待之意。益，更加；厚，厚待。

②将：率领。此处为动词。

③河：古代的"河"一般指黄河。当时黄河是秦国和晋国之间的天然屏障，也是分界线。

④誓：盟誓，宣誓。

⑤无哗：不要喧哗。

⑥余过：余，我的。过，过失。

【译文】

三十六年，穆公更加厚待孟明视等人，派他们率兵进攻晋国，渡过黄河，就焚毁了船只以示死战的决心，结果把晋国打得大败，夺取了王官和鄗地，为殽山战役报了仇。晋国军队都据城防守，不敢出战。于是穆公从茅津渡过黄河，为殽山战役牺牲的将士筑坟，给他们发丧，痛哭三天。他向秦军发誓说："喂，将士们！你们听着，不要吵嚷，我要向你们宣誓。我要告诉你们，古人办事之前，都会虚心听取老年人的意见，所以不会有什么过错。我反复思考自己不采纳蹇叔、百里奚的计谋而造成的过失，因此发出这样的誓言，让后代记住我的过失。"君子们听说这件事，都为之落泪，说："啊！秦穆公待人极其周道，这才能拥有孟明视等勇士的胜利！"

大国角力：三十年河东 三十年河西

带着问题读《史记》

秦穆公让良臣陪葬这件事情，有不少疑点。你读了这一章之后，试着分析一下："让三个大臣陪葬"的命令，究竟是谁下的？有几种可能？

◎ 河东河西

秦和晋，是春秋时代的两个大国。

秦的实力自不必说，要不也不可能灭掉六国、一统中原；晋也很强悍。

我们知道在战国时代，有"战国七雄"：齐、楚、燕、韩、赵、魏、秦，其中三家，源自晋国。晋国分裂之后，最终形成了三个国家：韩国、赵国、魏国。

晋国分裂出来的国家，能占到"战国七雄"中的三个，可见晋国的强大。

这两家虽然有"秦晋之好"的美誉，历史上却是争斗频繁。一山容不得二虎，两家仅仅隔着一条黄河，今天你侵吞我，明天我报复你，真应了那句话："三十年河东，三十年河西。"

在秦穆公时期，秦国总体上强于晋国。晋惠公、晋文公两任国君，都是在秦穆公扶持下登基的。晋文公时期，晋国的风头一度盖过了秦国，晋文公成了霸主；但晋文公死后，晋国也政变不断，两国互相攻伐、各有胜负。

从秦穆公去世，到秦怀公登基，间隔了大约二百年的时间。这二百年，两国的争斗，算是平分秋色。

到秦怀公时期，秦国陷入了长达四五十年的内乱之中；这种混乱，一直到秦献公时期，才算安稳下来。

秦国动荡，正是晋国的大好机会，争斗的天平，迅速向晋国倾斜，晋国重新夺回了当年被秦国占领的黄河以西的大片领土。

无论平分秋色，还是被晋国压制，恐怕都不是秦穆公愿意看到的。当年，他横刀立马，攻城略地，无论内政还是外交，都留下了很多佳话。

可秦穆公一死，形势就变得不可捉摸。更让人感到不可思议的是，这种形势的诡异变化，起于残忍的殉葬，而结束于殉葬的废除。

秦穆公死后大搞殉葬，秦国蓬勃发展的势头仿佛戛然而止；秦献公废除殉葬制度后，秦国迅速崛起，势头再也无人能阻。

说这是天意，那叫迷信；但殉葬制度和秦国的兴衰有着某种

关系，却是可能的。

因为，秦穆公的殉葬，把人才全给吓跑了，没有人还敢给秦国卖命了。

还是从那次残忍的殉葬说起。

◎ 良臣陪葬

秦穆公生前爱慕人才，我们专门介绍过他求贤若渴的故事。百里奚、蹇叔、由余，都是他寻求来的人才；孟明视等将领，则是在他手下经过磨炼成为人才的例子。

但爱才要有个限度，不能把人才带进自己的棺材里。

秦穆公死后，一百七十七人殉葬，其中竟然有秦国大臣！有名有姓的，至少就有三个，都是当时的良臣：奄息、仲行、鍼（zhēn）虎。

虽说这可能是秦穆公生前的决定，但继任的国君秦康公，也完全可以修改决定，避免这种"良臣陪葬"的令天下人才心寒、胆寒的残忍行为。

三名大臣陪葬之后，秦国人哀痛不已，有人写诗哀悼，更有人哀叹秦穆公死后没有保住生前的名声："秦穆公开疆拓土，向西讨伐西戎，向东让晋国臣服，却最终成不了霸主，也是应该的啊！天下哪有这样的君主，死了就不顾人民，还要良臣为他殉葬而死？以往的君主死去，都成为后世学习的典范，他却夺去了善良的人臣，百姓为之哀痛啊！今后秦国再想往东发展，是不可能的了。"

可以说，秦穆公的一世英名，毁于一旦，而且给秦国造成了严重的后果。本来顺风顺水发展的秦国，从此变得平庸。

原因很简单，没人敢给你卖命了。秦国的国君再英明，早晚也会死；他一死，自己弄不好就要陪葬。谁愿意辅佐这样的国君呢？

画外音：秦穆公陪葬，在秦国历史上不是个例，而是较为常见的现象。在他之前的秦武公，死后有六十六人殉葬。

但一般情况下，殉葬的都是仆人、奴婢、妃子，让大臣陪葬的，极为罕见。

如果说让三个良臣殉葬是秦穆公自己的主意，令人怀疑；秦穆公一死，拥有最高决策权的就是秦康公，他为何不阻止大臣成为殉葬品，难道仅仅是因为"父命难违"吗？

有人认为，一朝天子一朝臣，秦康公正好借机把前朝的重要臣子清洗掉，换上自己的人马。可是，果真如此的话，秦康公就不怕自己手下的大臣，担心将来给自己殉葬而离心离德吗？

有人认为，秦穆公觉得儿子（秦康公）水平一般，怕他压不住阵脚，故意下了一道"大臣殉葬"的命令，希望自己死后，秦康公赦免这三位大臣；三位大臣由此感激秦康公，必然死心塌地为其卖命。如果如此，秦穆公为什么不把话跟儿子说破，造成了良臣殉葬的客观事实呢？

总之，此事疑点很多。唯一可以解释的，就是君主制的残暴，在此暴露无遗。

🉐 富豪外逃

国君昏庸，贤臣来不了，还有人往外跑。

秦穆公的玄孙秦景公时期，就发生了这样一幕。

秦景公母亲的弟弟，叫后子鍼，本来很受宠，而且非常富有。没想到平地起波澜，有人到秦景公那里去说他的坏话，诬告他。

后子鍼很害怕，在他看来，秦景公并不是什么明君，耳根还软；一不做二不休，干脆跑吧！

往哪跑呢？自然是晋国，当国君把自己当敌人的时候，国君的敌人那里就是最安全的。

后子鍼这一跑，可把晋国人吓了一跳：来头太大了！

或者说，他太富有了，光各种财物，就拉了一千辆车！浩浩荡荡，跟出征的大部队一样，前往晋国。

晋国当时的国君，是晋平公。他于是问后子鍼："你这么富有，干吗要逃亡啊？"

后子鍼无奈地说："秦景公这么昏聩（kuì），我怕哪一天他胡乱找点什么理由，就把我给杀了！我还是等秦国换了国君，再回去吧！"

对秦国来说，这已经是一个很不好的苗头。连国君的舅舅都不愿待，带着财产逃亡，这样的诸侯国想要吸引人才、重振雄风，是很困难的。

🟠 王室恩怨

到了秦怀公时期，强大的秦王国终于"塌陷"，陷入了一片混乱之中。此时，历史的指针，已经从春秋时代（公元前770年—公元前476年）走到了战国时代（公元前475年—公元前221年）。

先是秦怀公遭到了王族和大臣们的围攻，被迫自杀。自杀后，国君的位置空了出来。秦怀公的太子很早就死了，大臣们于是拥立太子的儿子，也就是秦怀公的孙子为国君，这就是秦灵公。

十三年后，秦灵公去世。按照正常的逻辑，应该让秦灵公的儿子继位。然而，事情却不太正常。

秦灵公的儿子们都没轮上，当上新任国君的，是他们的爷爷

辈的人——秦灵公的叔叔，名字叫悼（dào）子的，继任国君，这就是秦简公。

这就不是"不太正常"，而是"很不正常"了。

从历史来看，帝王的继承，一般有两种方式：父死子继，兄终弟及。前者就是帝王死了，儿子继位；后者就是帝王死后，弟弟继位。

这两种情况历史上都有，有的朝代比如商朝，兄终弟及的情况很多，当然更多的朝代是父死子继。

除非极其特殊的情况下，比如帝王死了，不仅没有儿子，也没有兄弟，最后只好从比较远的王族里面选继承人，有可能让他的叔叔来继承帝位。但只要帝王有儿子、有兄弟，这种情况几乎不可能出现。

悼子的继位，就是极其特殊的一例。很明显，出现这种违背常理的现象，只有一种答案：争权夺利。

这是权力争夺战的结果。

秦灵公家族和秦简公（悼子）家族的恩怨，由此埋下了。

十六年后，秦简公去世，儿子继位，这就是秦惠公；又过了十三年，秦惠公去世，儿子名叫"出子"，继承了国君之位。

此时，距离当年"秦简公夺权"，已经过去了三十年，经历了三代人。

恩怨却没有因为时间而消散，反而愈加浓烈。

出子继位的第二年，秦灵公家族的支持者，趁他登基不久、立足未稳，迎回了秦灵公的儿子，立为君主，这就是秦献公。

出子和他的母亲，被双双抓获。秦献公一雪前耻，将这对母子沉入深渊致死。

两个王室家族的恩怨，到此算是画上了休止符。

◎ 废止殉葬

秦灵公、秦简公家族的恩怨，宫廷的内部斗争，政坛的变幻莫测，让秦国元气大损。晋国趁机夺取了黄河以西秦国的大片土地。

秦献公也算是个有作为、有志向的君主。恢复强秦，是他的梦想。

他上任第一年，做的第一件大事，便足以让他青史留名。

他下令：废止殉葬陋习！

在此之前，因为殉葬陋习的存在，中原很多国家，一直把秦国看作蛮夷之地；也有不少大臣，因为殉葬制度的存在，担心君主临死时要自己陪葬，不敢为秦国效力。如今，陋习废除，大快人心！

一切仿佛起于殉葬，终于殉葬。

秦国好像一头睡着的狮子，殉葬就是它的噩梦。秦献公让这头狮子醒来了。

【原著精摘】

三十九年，穆公卒，葬雍。从死者①百七十七人，秦之良臣子舆氏三人，名曰奄息、仲行、鍼虎，亦在从死之中。秦人哀之，为作歌《黄鸟》之诗。君子曰："秦穆公广地益国，东服强晋，西霸戎夷，然不为诸侯盟主，亦宜②哉！死而弃民，收其良臣而从死。且先王崩尚犹遗德垂法，况夺之善人良臣百姓所哀者乎？是以知秦不能复东征也。"

【注释】

①从死者：跟随他去死的人，即陪葬者。陪葬又叫殉葬，是古代一种很残忍的制度。

②宜：合适，应该。

【译文】

三十九年，秦穆公去世，埋葬在雍这个地方。陪葬者共一百七十七人，秦有贤臣三人，三人都是子舆氏，名叫奄息、仲行、鍼虎，也在陪殉者之列。秦人哀痛，作了一首题为《黄鸟》的诗。君子说："秦穆公开疆拓土，西霸戎夷，东败强晋，却没能成为诸侯盟主，也是应该的啊！死后抛弃人民不说，还把自己的贤臣带去陪葬。古代的君王去世，尚且要留下好的道德和制度，何况是夺走百姓哀痛的好人和贤臣呢？从这里也能知道，秦国想往东方发展，是不可能的了。"

举重断腿：尚武的强秦　六国的梦魇

带着问题读《史记》

举重、锻炼，这本是好事儿。但一定要防范风险，在确保安全的情况下进行。秦国一个国君，就是因为举重而死掉了，你知道他是谁吗？

◎ 广揽贤才

秦献公废除了残忍的殉葬制度，战国诸侯们并没有因此就把秦当成中原国家，依然把它看作"夷狄之国"。

虽然如此，秦国的强盛，已经难以阻挡。其中，做出最关键贡献的，是秦献公的儿子——秦孝公。

而在秦孝公时期，贡献最大的大臣，毫无疑问，就是商鞅。和他关联着的一个名词，我们都很熟悉，叫"商鞅变法"。

商鞅，就是卫鞅。

鞅是他的名字，他的老家，在卫国，所以人们称他为卫鞅；后来变法成功，秦孝公封其为"商君"，后来人们便习惯于叫他商鞅。

他之所以来到秦国，是因为秦孝公的一道"求贤令"。

秦孝公不满足于秦国当时的地位，中原诸侯国对秦国的故意冷落，更让他不满。他知道，路是自己走出来的，要想得到别人的认可、承认和尊重，前提是自己强大。

祖先秦穆公的事迹，对他影响很大。国家强大的前提，是人才。

秦穆公的强大，和后来秦厉公、秦躁公、秦简公等人执政时政坛的纷乱，导致国家内忧外患、受到他国歧视，形成了鲜明对比。在分析了秦国兴衰的经验教训之后，秦孝公登基的第一年，就下达了一道诏令：

"我每每想到先君（指秦献公）的遗志，内心总是十分悲痛。宾客群臣，谁能贡献计谋，让秦国富强起来，我必将给他高官厚禄！"

消息传到卫国，胸怀大志的卫鞅很感兴趣，决定一展抱负。他来到秦国，在别人的引荐之下，见到了秦孝公。

我国历史上一次著名的改革，由此拉开了序幕。

◎ 商鞅变法

秦孝公三年，卫鞅向秦孝公进言，提出了一系列的变法主张。

这些主张，包括改进法律制度，重新修订刑法，大力发展农耕业，在战争中采取各种鼓励勇敢作战的奖励措施，等等。

对这些想法，秦孝公颇为赞赏，于是和大臣讨论，没想到却遭到了一些大臣的反对。结果难免是一番激烈的辩论，双方各执己见，谁也说服不了谁。

最终，还是秦孝公一锤定音："就按卫鞅的思路，实施变法！"

变法的具体过程，在《史记·商君列传》中，有详细描述。

总之，变法的结果，是一开始，百姓对变法都不满意，觉得十分辛苦；三年之后，百姓对变法就十分满意了。

国家气象有了明显变化，秦孝公也很高兴，封卫鞅为左庶长。

秦孝公二十二年，卫鞅攻打魏国有功，被封为列侯，封号为商君。卫鞅从此被人们称为商鞅。

不幸的是，一朝天子一朝臣的悲剧再度上演。两年之后，秦孝公去世，儿子秦惠文君（秦惠文王）登基，形势瞬间起了变化。

因为，商鞅变法的时候，曾经得罪过惠文君。

当时惠文君还是太子，商鞅的变法措施已经公布，但还没有顺利推开。就在这个节骨眼上，太子却犯了法。

商鞅是个很强硬的角色，在他眼中，王子犯法与庶民同罪；太子触犯了法律，也要加以惩罚，而且可以借机来树立自己的威信、促进法制的实施。

但太子是国君的接班人，不能处以刑罚，于是，商鞅便处罚了太子的师父，对其施以黥（qíng）刑。

黥刑，是一种在脸上刺上黑字的刑罚，虽然不会伤筋动骨，但脸上永远刻着字，对人是一种很大的羞辱。

处罚太子的老师，效果倒是很好，变法很快推开；但副作用也很大：太子觉得很没面子，记仇了。

太子一登基，马上开始报复。其他王公贵族，也有很多人在商鞅变法中受到损害，纷纷响应，一时间报复商鞅的声音来势汹汹。

商鞅吓得逃跑了，但最终还是被秦国人抓住，用车裂（五马分尸）的酷刑处死。

如此对待一个有功之臣，让人觉得心寒。历史的经验证明，只要变法革新，总会触动一些人的利益，总是要付出代价的。即便如此，变法、改革，还是必须进行的事业。

对商鞅的残酷，从某种程度上讲，来源于秦国朝廷崇尚武力的基因。尚武，可以让秦军所向披靡，也会让良臣惨遭屠戮。

说到尚武，就不能不提到秦惠文王的儿子——秦武王。

商鞅死于车裂，秦武王的死法更奇葩：死于举重。

孔武有力

秦惠文王去世后，儿子秦武王继位。

秦国在商鞅变法之后，成果在此时已经充分显露出来，势力更加强大。韩国、魏国、齐国、楚国、越国都表示归服。

形势一片大好，秦武王本可以在爷爷、父亲基业的基础上，大展宏图；他却因为一次游戏，断送了好时光，也成为历史上的笑柄。

秦武王四年，秦军攻陷宜阳，杀死了六万人。魏国的太子亲自前来朝见，表示臣服。武王志得意满，却乐极生悲。

他喜爱武术，孔武有力，而且喜欢游戏、喜欢比试；遇到力气很大的，往往不顾君王的尊严，亲自下场与人较量。

爱好角力，喜欢武术，都不是什么坏事，不仅可以锻炼身体，也有利于上阵杀敌。

但作为君主，一定要注意一点：把兴趣爱好，和国家治理分开。如果爱屋及乌，因为喜欢武术、角力，就提拔这方面的人做大臣，就有点过了。

秦武王就犯了这个错误。好在，他在错误的道路上没有走多远，因为他很快死掉了，而且死在了自己的爱好上。

三个和秦武王志趣相投的人，得到了提拔，成了高官，他们

是任鄙、乌获和孟说。

这三个高官，有一个共同的特点：都是大力士。

大力士成为朝臣，秦武王和他们比试、切磋，就比较方便。然而，麻烦也来了。

一天，秦武王一时兴起，要和大臣、大力士孟说，进行比赛。

怎么比呢？武王指着前方的大鼎，说，就比赛举鼎吧，谁能举起来，谁是胜者！

孟说当时如何回答不清楚，但作为大臣，他没有阻止君主的这一危险举动，已经失职。

即便今天的举重比赛，有很多防范措施，都会有人受伤，何况那个年代举棱角颇多又极其坚硬的鼎呢？

举鼎比赛正式进行。

胜负，不知道。但我们知道了结局：秦武王举鼎时，不慎受伤，砸断了胫（jìng）骨。

胫骨，就是人的小腿骨。重达几百斤的青铜鼎砸到腿骨上，恐怕不仅骨折，估计骨头都碎了。在今天，这也属于重伤；弄不好，就要截肢。

然而，我们说的这个故事，发生在两千多年前，医疗水平极其落后；当时的医生即便知道需要截肢，恐怕也不敢截君主的肢——这可是大逆不道之罪！

截肢都不一定能活，何况只使用保守疗法呢？

当年农历八月，秦武王去世，年仅二十二岁。

画外音：玩物丧志，是君王的一大陷阱。君王喜欢什么，必然有人投其所好；因为投其所好，就容易被君主重用，但同时，真正的治国之才就会被忽略。

兴趣爱好，和治理国家，一定要泾渭分明，不要一团糨糊。

嬴政登基

秦武王死得突然，又没有儿子，大臣们便把武王的弟弟迎立为国君。这就是在位长达五十六年的秦昭襄王。

秦武王突然去世，对秦国来讲未尝不是一件好事，因为他没有让大力士掌权、糟蹋祖先基业的机会了。

和秦武王玩举鼎游戏的大力士孟说，被灭族。

国君之位，本来没秦昭襄王什么事，他很珍惜这个天上掉下来的机会，决定一展抱负。

他任用白起、王龁（hé）等著名将领，攻城略地，无论领土还是实力，秦朝都空前强大，为他的曾孙嬴政（秦始皇）统一全国，打下了良好的基础。

登基五十六年之后，秦昭襄王去世，儿子孝文王继位。

秦孝文王创造了秦国历史上的一个纪录：登基时间最短纪录——正式继位之后仅仅三天，他就去世了。

孝文王的儿子，也就是嬴政的父亲——秦庄襄王继位。庄襄王在位四年后去世，儿子嬴政登基，这就是后来的秦始皇。

　　秦王嬴政在位二十六年，消灭六国，吞并天下，废除了分封制，将天下设为三十六郡，自号"始皇帝"。

　　他希望，自己的儿子为二世，孙子为三世……世世代代传承下去，直至千万世。然而，到了秦二世胡亥，秦的统治便戛然而止了。

【原著精摘】

　　孝公卒①，子惠文君立。是岁，诛②卫鞅。鞅之初为秦施法，法不行，太子犯禁。鞅曰："法之不行，自于贵戚。君必欲行法，先于太子。太子不可黥③，黥其傅师。"于是法大用，秦人治。及孝公卒，太子立，宗室多怨鞅，鞅亡④，因以为反，而卒车裂以徇秦国。

【注 释】

　　①卒：去世。

　　②诛：杀死，诛杀。

　　③黥：即黥刑，古代在人的面部刺字的一种刑罚。

　　④亡：逃亡，逃跑。

【译 文】

　　秦孝公去世，儿子惠文君继位。这一年，杀了卫鞅。卫鞅刚在秦国施行新法时，法令行不通，太子触犯了禁令。卫鞅说："法令行不通，根源起自国君的亲族。国君果真要实行新法，就要从太子做起。太子不能受刺面的黥刑，就让他的师傅代受黥刑。"
从此，法令顺利施行，秦国治理得很好。等到孝公去世，太子登
位，秦国的宗室大多怨恨卫鞅，卫鞅逃跑，于是定他有反叛之罪，
最后处以五马分尸之刑，在都城示众。